マネジメントモデルによる経営学入門

企業事例に学ぶ現代マネジメントの革新

今野 勤 著

マネジメントスタイル
品質経営
パーパス経営
グローバル経営
マネジメントモデル
経営理念
マーケティング戦略
ティール組織
財務分析
SDGs
ビジネスモデル
顧客価値の創造
マス・カスタマイゼーション
自己強化ループ

日科技連

まえがき

実業界から、大学の教員になって二十数年が経った。一貫して経営学部に所属してさまざまな企業の変遷を学生とともに研究してきたが、この学問領域の広さと経営環境の変化の激しさには、未だに驚かされるばかりである。

神戸学院大学経営学部における筆者の研究室では、学生に12ページほどの簡単な卒業論文作成マニュアルをガイドラインとして指導している。まず学生に対してはじめに伝えることは「自分の興味がある業界を選びなさい」である。それからは文字どおりマンツーマンで研究を進めるが、学生より筆者のほうが勉強になることが多いと感じる。なぜなら、金融、ドラッグストア、家具、医薬品卸、パン製造販売、ゲーム機、アパレルなどさまざまな企業が対象となるが、筆者が比較的よく知っている製造業の業界を選ぶ学生は、ほとんどいないのである。「できるだけ学生自身が就職する業界を選べば、入社してから同期の社員より、一歩先に出られる。」と発破をかけているが、どうしてもまじめに就職と関連する業界を選ぶ学生と、自分が興味ある業界を選ぶ学生とで半々のようである。

次に指導することは「業界で2位以下の企業を選び、どうしたら1位に近づけるかを考えてごらん。ただし公開されているデータをもとに論理を構築しなさい。」である。これが大変で、学生とともに上場企業の有価証券報告書や決算報告会の資料などをもとに、仮説を立て対策を考え、公開されている他の業界のデータなども参考にし、論理を構築している。

本書は学部学生の目線で学生とともに研究した経験と、実際に企業のマネジメントに関する審査、診断、コンサルティング、企業内教育、講演会、フォーラムなどを行ってきた経験をもとに、現代マネジメントの実態と、企業はこう動いていると感じたことを素直に書いている。したがって学術書ではなく、どちらかというとさまざまな企業の実践例から、業界で1位になっている企業は、こういうポイントで優れているという知見や、さらに２番手以降の企業が、１位の企業に追いつき、あわよくば追い抜くためには、ここがポイントだというヒントを見つけることができると考えている。

本書では企業のマネジメント体系について、**図１**のように考えている。それぞれの要素はいうまでもなく大変重要だが、その中でもマネジメントモデルとビジネスモデルの位置づけについて理解することが大切である。特にマネジメントモデルは本書独特の概念である。経営の機能を各企業がどのようにマネジメントしているかを理解すると、企業の経営者や管理職がどのように企業をマネジメントしているかが見えてくる。また学生にとっては企業の実態が具体的によくわかり就職の参考になる。

本書は現代マネジメントの実践書であるがゆえに、企業のマネジメントの実例を数多く取り上げている。

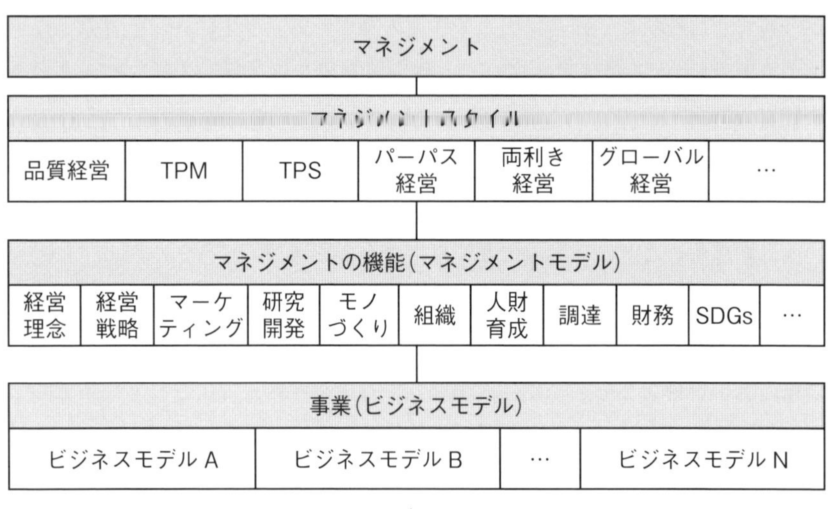

図１　マネジメント体系図

第Ⅰ部は、本書を読み進めるうえで前提となる現代マネジメントの体系についてマネジメントモデルと企業の実践例を示す。なおマネジメントモデルという概念は、本書では「さまざまな経営学などの分野でよく使われている経営の独自の方法」をマネジメントモデルとした。本書独自のもので他の学術書にはない。

第Ⅱ部はマネジメントの機能の中でも、よく使われる項目として経営戦略、マーケティング、組織、財務を選択し、わかりやすい解説と実践例を解説する。

第Ⅲ部はマネジメントモデルの具体的な実行段階すなわちオペレーションであるビジネスモデルに関して、実践例を解説する。マネジメントの７つの課題と対応するビジネスモデルおよび８つの実践例を取り上げる。

なお、本書の企業事例の分析結果などは、紙数の関係上簡潔に示している。より詳しく知りたい方は、参考文献で示した資料を参照するか、筆者の研究室に所属し、ともに分析していくことをおすすめする。

本書を執筆するうえで、一貫して主張していることは、企業は売上・利益という結果を出し続けなければ成長できないという点である。マネジメントモデルで、企業のマネジメントの基盤をしっかり構築し、ビジネスモデルで収益を上げ続けることができて、初めて企業は成長し続けると考えている。本書では、これらのことをしっかりやり続けている企業を数多く取り上げている。これらの企業のマネジメントを、マネジメントモデル、ビジネスモデルの視点で理解し、読者のマネジメントに生かしていただくことを願っている。

2024年6月

今野　勤

目　　次

第Ⅰ部

現代マネジメントの体系

第Ⅰ部では、現代マネジメントの体系について概説する。ここで、マネジメントスタイルとマネジメントモデルは、学術的にきちんと定義しているわけではない。本書では、現在広く知られている企業において実践している経営に関するそれぞれ独自のやり方を、マネジメントスタイルと呼ぶ。具体的には、品質経営(TQM)、TPS、TPM、パーパス経営、両利き経営、グローバル経営について、著名な学者、企業、団体などが提唱しているマネジメントをマネジメントスタイルとしている。この他にも、環境経営、ホロン経営、アメーバ経営などがある。

さらに個々の企業に視点を移すと、それぞれ特徴的なマネジメントを行っている。本書では、これらのマネジメントをマネジメントモデルと呼ぶ。

さまざまなマネジメントスタイル、マネジメントモデル、ビジネスモデルで、企業は経営活動を行っている。その目的は、数々の課題を解決し、企業として成長するためである。そこで、まず企業が抱える課題を第1章で整理し、その後マネジメントスタイルやマネジメントモデルについて解説する。

第1章 企業が抱えている課題

筆者は長年の企業診断、審査、指導などの経験から、企業が抱える課題は、大きく分けると次の4つと考えている。すなわち、

① クレームの低減
② 顧客満足度の向上
③ 新商品・サービスの導入
④ 顧客価値の創造

である。以降、これらの内容を掘り下げて解説する。

1.1 クレームの低減

はじめに、クレームとは、「顧客及びその他の利害関係者が、製品・サービス又は組織の活動が自分のニーズに一致していないことに対して持つ不満のうち、供給者又は供給者に影響を及ぼすことのできる第三者へ具体的に請求したもの。注記 具体的請求には、修理、取替え、値引き、解約、損害賠償などがある」と定義されている[1]。

簡単にいうとクレームは、企業が顧客に提供した製品・サービスに関して不具合などが発生し、それによって顧客に危害や損害が及び、企業が顧客から賠償などを請求されることである。こういう事態になると、企業のサービス部門、品質保証部門、お客様相談室などの部署が対応に時間や労力をかけることになる。昨今話題になっている品質不正の問題となると、企業が全社を挙げて対応し、多大な労力を費やすことがある。

クレームがなぜ重要かというと、はじめは小さなクレームが、次のようなプ

ロセスで大問題になることがあるからである。

① 製造物責任の問題として取り上げられる。

② リコール・回収など大掛かりな対応が求められる。

③ 損害賠償請求される。

④ 監督官庁(製造業ならば経済産業省)の業界査察が強化される。

⑤ 当該企業のブランドイメージが低下する。

⑥ 消費者による不買運動が起こる。

⑦ 当該企業の業績低迷によるリストラをしなければならなくなる。

⑧ 品質保証責任者、CEOなどの刑事責任が追及される。

⑨ 当該企業の株主が株価低迷などによる損失に関して株主代表訴訟を起こされる。

⑩ 最悪、当該企業の資金繰りが詰まり事業売却することになる。

これらの問題はクレームの初期段階で処理できれば回避することができるが、回避できなかった具体例として、A社のエアバックの破裂の問題を取り上げる[2]。

A社が2000年～2008年の間に製造したエアバッグに、破裂につながる不具合があった。A社は不具合があることを認識しながらも、数年間にわたり事実を隠蔽して製造・販売を続けていた。それが2014年にNYタイムズなどに大きく報じられ、大規模なリコールへ発展し、最終的に負債額は1兆円を超える規模に膨らんだと見られている。2017年にはついにA社の民事再生法が受理される事態となった。しかし、事態はこのままでは終わらず、A社の残されたシートベルト事業を買収したB社は、A社の時代のシートベルトのデータ改ざんの問題に直面した。2021年、この問題は、法規違反の事実があったにもかかわらず、リコールによる自動車メーカーへの賠償金も、国への罰金の支払いも回避した[3]。

最近は品質不正が大きく取り上げられており、問題になっている。これについては日本品質管理学会より、テクニカルレポートが出ている[4]。テクニカルレポートには、品質不正の具体的な内容、原因、回避するための方策などが詳細に記載されており、品質マネジメントシステムを構築し、運用するうえで大変参考になる。また、第3章で後述するジョンソン・エンド・ジョンソンのタイレノール事件への対応は、マネジメントの危機管理の具体例として、現在でも称賛されている。

いずれにせよ、クレームに関しては真摯に対応するとともに、絶えず社内の仕事のやり方を見直して改善することで再発させないようにする必要がある。

1.2　顧客満足の向上

顧客満足とは、「顧客の明示された、暗黙の、又は潜在しているニーズが満たされている程度に関する顧客の受け止め方。」[1]と定義されている。

企業における日常業務をしっかりこなすことによって、製品・サービスの改善が進み、顧客との信頼関係を構築し、継続的な取引の中で、顧客満足を実現することができる。

具体例として、テーマパークのユニバーサル・スタジオ・ジャパン(USJ)がある。2001年に開園したが、来客数のピークは開園時の1,100万人で、それから年々来客数が低下し、2010年ごろまでには800万人まで落ち込んだ。これを立て直したのが伝説のマーケターといわれる森岡毅氏である。森岡氏は顧客ニーズを徹底的に分析し、若者向けの映画を中心としたテーマパークから、子供中心のゲーム、アニメのテーマパークへと変貌させ、2014年には年間来場者数が1,200万人までになった。これはマーケティングでいうマーケット・セグメントを再考し、ターゲット顧客を変え、その顧客の顧客満足を徹底的に追求した結果といえる[5]。**図1.1**にUSJの入場者推移を示す。

USJはこのように、日々、顧客のニーズに応えるためにテーマパークのサービスを改善し、集客数を高めていった。

I
現代マネジメントの体系

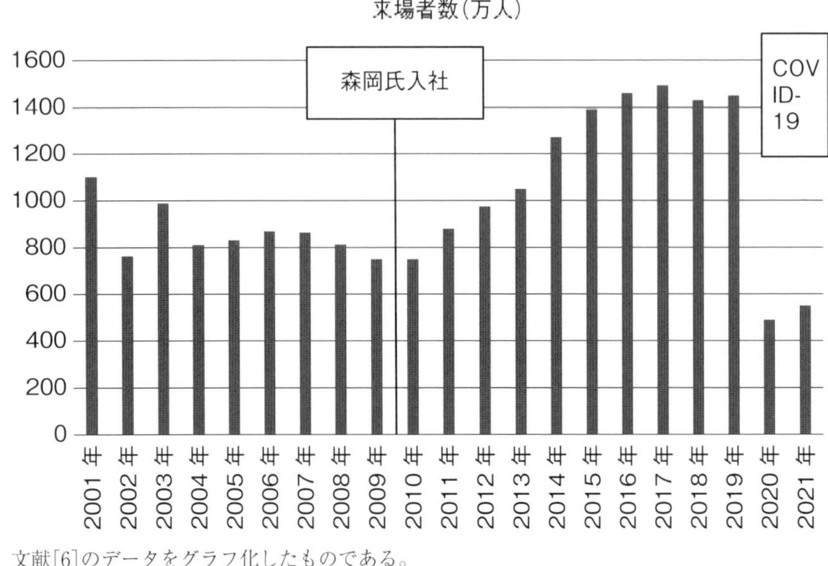

文献[6]のデータをグラフ化したものである。

図1.1　USJの来場者数推移

1.3　新製品・サービスの開発と管理

新製品開発管理とは、「新製品・サービスに関わる活動を効果的にかつ効率的に行うためのプロセス及び/又はシステムを定め、維持向上、改善及び/又は革新して、次の新製品・サービスの開発に活かす一連の活動。」と定義されている[1]。

新製品・サービスの導入について、画期的な製品・サービスが提供でき、顧客の感動を実現することができる。

具体例としては、トヨタ自動車が1997年に初代プリウスが量産型ハイブリッド車として発売されてから現在もモデルチェンジを重ねながら、売れ続けている[7]。2022年11月で累計販売台数は505万台となった[8][9]。**図1.2**にプリウスの販売台数の推移を示す。

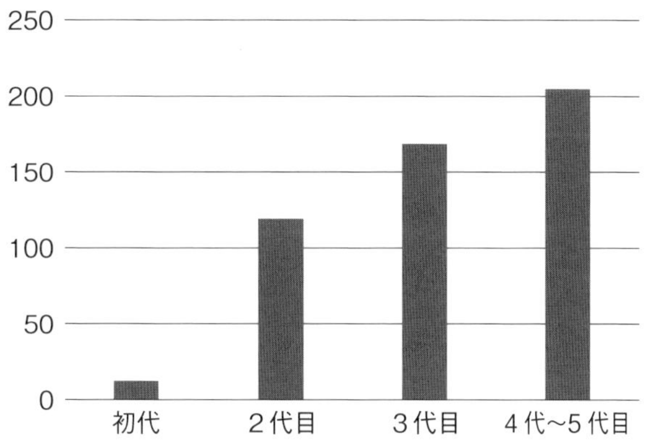

文献[8]、[9]をグラフ化したものである。

図1.2　プリウスの世代別販売台数推移（万台）

またビール業界では、1987年にアサヒビールが開発したアサヒスーパードライは味だけでなく、ビールの鮮度を保つための物流改善、容器の種類を増やし、CMのキャラクター、キャッチコピーを変えながら、さらに1990年代から海外展開を推進している。これらは、新製品開発がうまくいった例である[10]。

最近は、顧客のニーズが多様化し、ヒット商品が出にくい時代であるといえる。しかし、競合他社との競争に勝つためには、現在の市場にも画期的な新商品を導入し、競合他社にシェアを奪われないようにしていかなければならない。

1.4　顧客価値の創造

顧客価値の創造について、トップのリーダーシップ、経営戦略の組織的な展開によって、企業のビジネスモデルが変わり、顧客に新しい価値を提供することができる。

COVID-19の環境下でビジネスの環境が一変したが、このような不確定の要素の大きい状況では、目まぐるしく顧客の価値観も変化している。これらの変化を的確に捉えて、企業のビジネスモデルをどう変えていけるかが、企業が成長するポイントである。

まれに顧客価値について解釈が定まらず、組織内外で議論が空中分解することがある。ここに経営学者の定義を参考までに引用するので参考にするとよい。伊丹(2014)[11]、玉木(2018)[12]らは顧客価値を3つに分類している。これらの定義をわかりやすくすると以下のようになる。

(1)　基本価値

自動車を例にすると、移動サービスの提供が基本的な機能であり、そのための性能や品質が基本価値になる。「基本価値」を顧客価値として考えると、安全や安心な移動サービスを受けることが考えられる。いわゆるモノの価値と多らえるとよい。

(2)　差別化価値

以下の要素が挙げられる。1番目が、いわゆるモノの価値、2番から4番目がコトの価値となる。

- 製品そのもの差別化(機能、性能、品質、デザイン、付帯ソフトウェアなど)
- 価格デザインの差別化(価格設定、支払い条件など)
- 補助的サービスの差別化(アフターサービス、購入のしやすさ、特典サービスなど)
- ブランドの差別化(企業や製品のイメージ、社会からのレピュテーション「評判」など)

(3)　感性価値

「セルフブランディング」につながる希少性や個性、特別待遇によるプレミアム感、感動や共感などの顧客価値を感性価値という。例えば、今まで観たことのない大自然への驚きや、あるいはスピリチュアルな癒し、祭典にまつわる神への畏敬などが地方創生のための体験ツーリズムとして各地で展開されている。これは人が感動することによって得られるコトの価値である。

(1)～(3)は、高度成長期までのビジネスでは顧客に製品・サービスを提供していて終わっていた顧客との関係性が、継続的に顧客との関わりを追求する形に転換してきていることを示している。

本書では、企業が抱える 4 つの課題を解決するために、どのようなマネジメントモデルを構築し、ビジネスモデルを運用するべきかについて、具体的な実践例も含めて解説している。日本の企業ではコマツ、トヨタ、YKK、キーエンスなど、海外の企業では、ネスレ、ジョンソン・エンド・ジョンソン、GAFA などである。自社のマネジメントモデルと対比して参考にしていただきたい。

第 1 章の引用・参考文献

[1]　JSQC-Std 00-0001：2018「品質管理用語」、p.4、6、14、19

[2]　「リコール必至か、JSSJ のシートベルト問題、タカタ時代から 20 年以上のデータ改ざん」、『日経クロステック』（2024 年 4 月 24 日閲覧）
https://xtech.nikkei.com/atcl/nxt/mag/nmc/18/00011/00099/

[3]　「法規違反も不問の謎、問われる国交省の責任　JSSJ の品質不正」、日経クロステック　(2024 年 4 月 24 日閲覧)
https://xtech.nikkei.com/atcl/nxt/column/18/00001/05737/

[4]　TR12-001：2023「テクニカルレポート品質不正防止」、p.13

[5]　MEGU：「【USJ】ユニバーサルスタジオジャパン 21 年の歴史を年表で振り返る！急成長の理由も！」、CASTEL　(2024 年 4 月 24 日閲覧)
https://castel.jp/p/3361

[6]　「ユニバーサル・スタジオ・ジャパン—年間来場者数とスローガン—わかりやすく解説」、Weblio 辞書　(2024 年 4 月 24 日閲覧)
https://www.weblio.jp/wkpja/content/ユニバーサル・スタジオ・ジャパン_年間来場者数とスローガン

[7]　トヨタ自動車：「歴代プリウスの進化」（2024 年 4 月 24 日閲覧）
https://global.toyota/jp/detail/17851749

[8]　トヨタ自動車：「プリウスの累計販売台数が 300 万台を突破」（2024 年 5 月 9 日閲覧）
https://global.toyota/jp/detail/1770026

[9]　「トヨタが新型プリウス発表、日本は今冬　北米・欧州にも順次投入」、Reuters　(2024 年 4 月 24 日閲覧)

https://jp.reuters.com/article/toyota-prius-idJPKBN2S60FB/
[10] 「日経トレンディで振り返るスーパードライ36年史　音部氏が提言」、日経クロストレンド（2024年4月24日閲覧）
https://xtrend.nikkei.com/atcl/contents/18/00594/00001/
[11] 伊丹敬之：『経営戦略の論理　第4版』、日本経済新聞社、pp.88-89、2014年
[12] 玉木欽也：『ビジネスモデル・イノベーション』、中央経済社、pp.198-199、2018年

第2章 マネジメントスタイル

本章ではさまざまな種類があるマネジメントスタイルから、品質経営(TQM)、TPS、TPM、パーパス経営、両利き経営、グローバル経営について概説する。これらのマネジメントスタイルは現代社会において、最も普及しているマネジメントスタイルである。

2.1 品質経営

品質経営について、はっきりした定義はないが、品質マネジメント、TQM(Total Quality Management)が代替できると考えられる。品質管理/品質マネジメントは、「顧客・社会のニーズにこたえるために、製品・サービスの品質/質を効果的かつ効率的に達成する活動。」と定義されている[1]。

品質/質は、「製品・サービス、プロセス、システム、経営、組織風土など、関心の対象となるものが明示された、暗黙の、又は潜在しているニーズを満たす程度。注記1　ニーズには、顧客と社会の両方のニーズが含まれる」と定義されている[1]。

さらに、品質管理を全社的に展開する活動をTQMと呼ぶ。品質管理学会規格では、「品質/質を中核に、顧客及び社会のニーズを満たす製品・サービスの提供と働く人々の満足を通した組織の長期的な成功を目的として、プロセス及びシステムの維持向上、改善及び革新を全部門・全階層の参加を得て様々な手法を駆使して行うことで、経営環境の変化に適した効果的・効率的な組織運営を実現する活動」と定義されている[1]。

解説が長くなったが、要するに**TQMは品質を中核とし、企業の成長を実現**

するマネジメントスタイルである。本章では、品質経営を具体的に方法論まで確立し、デミング賞による審査、診断などの体制を確立しているTQMについて解説する。

2.1.1　TQMの10要素

TQMの評価基準と構成要素を**図2.1**に示す[2]。

図2.1の評価基準に関しては、それぞれ100点満点で、すべての項目が70点以上をクリアするとデミング賞を受賞できる。この基準を満たすということは、以下の3条件をクリアしていることになる[3]。

a)　経営理念、業種、業態、規模および経営環境に応じて明確な経営の意思のもとに、積極的な顧客志向の経営目標・戦略が策定されていること

b)　a)の経営目標・戦略の実現に向けて、TQMが適切に実施されていること

c)　b)の結果として、a)の経営目標・戦略について効果をあげていること

この3条件を具体化したものが図2.1であり、以下で内容を解説する。

(1)　A.　経営目標・戦略の策定と首脳部のリーダーシップと課題

経営理念・ビジョンから経営目標を立て、これらを実現するための戦略を策定し、トップの強力なリーダーシップによりTQMを推進し、経営目標を実現することを求めている。この項目はさらに2つの項目に分類されている。

1)　積極的な顧客志向の経営目標・戦略の策定

経営理念から、顧客志向・社会的責任を踏まえた経営目標・戦略を策定し、組織の将来の姿が明確になっていることが求められる。組織が創業時から培われてきたこれまでの活動と、現在から将来に向かっての活動には明確な目標と戦略、将来計画が策定されていることが必要である。

ここでは品質マネジメントにおける経営理念、将来ビジョン、経営戦略の重要性が問われる。

次に戦略作成フローを検討する。**図2.2**に戦略作成フローの例を示す。

一般的には、図2.2のように経営理念が経営戦略へと展開される。

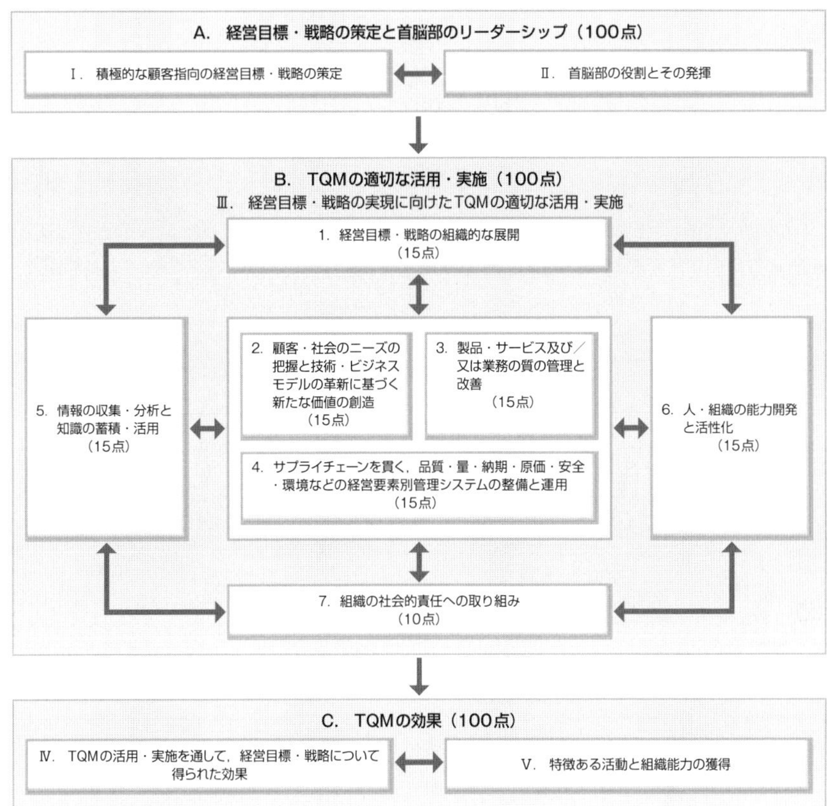

出典）　デミング賞委員会：「デミング賞・デミング賞大賞応募の手引き」、p.28、2024 年

図 2.1　デミング賞の評価基準

2)　首脳部の役割とその発揮

首脳部が、経営目標・戦略の策定、経営環境の変化、組織能力の向上、社会的責任を踏まえて、TQM 活動の実施に熱意がありリーダーシップを発揮していることが求められる。

トップダウン型で全社を引っ張っていくというリーダーシップの発揮の仕方があるが、トップがすべてを決めるようなリーダーシップの発揮の仕方は、TQM が考える全員参加型経営ではない。全社が効率よく動きながら、パ

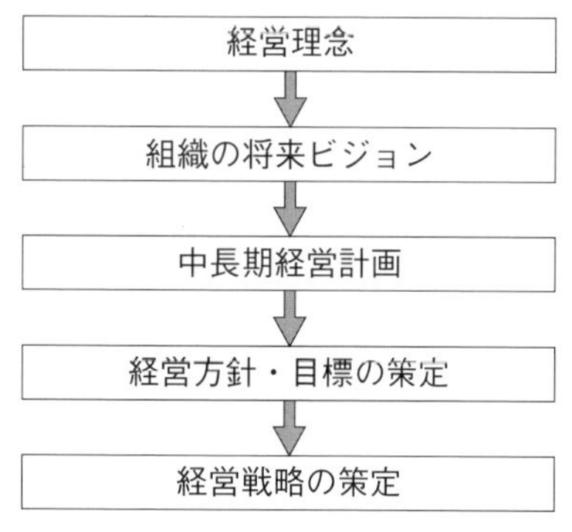

図 2.2　戦略策定フロー

フォーマンスが発揮でき、かつ従業員が明るくはつらつと働けるようなマネジメントのしくみづくりと運用できるような経営環境づくりがトップの役割となる。

(2)　B. TQM の適切な活用・実施と課題

経営目標・戦略の実現に向けて、TQM が経営のツールとして適切に活用され、実施されていることが求められる。

1）　経営目標・戦略の組織的な展開

経営目標を達成するためには中長期計画を立案し、戦略的(経営資源を効率的に配分し、組織能力の向上を図ること)に展開し、全員参加と部門間連携によって方針管理を強力に推進することが求められる。

方針管理は、方針、目標、実行計画、進捗管理、期末の反省といった PDCA サイクルを回すための品質マネジメントの強力なツールであり、機能別管理にも使える。方針管理を活用するためには、全社の戦略的課題に対し、関係するすべての部門を巻き込んで、高速で PDCA サイクルを回すことが要求される。その実現のためには組織能力がベースとなるので、組織能力が不足した状態で強引に方針管理を展開することは避けなければならない。特に組織能力が足りないのに、無理な課題を強引に進めようとすることがリーダーシップと勘違いしているトップが稀にいるので気を付けなければならない。**図 2.3**

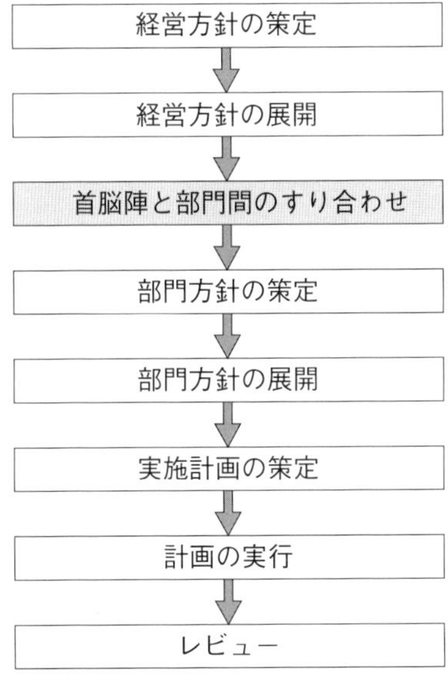

図 2.3　方針管理のフロー

に方針管理の簡単なフローを示す。特に首脳陣と部門間のすり合わせが重要で、両者が納得して方針管理を進めることが重要である。

方針管理を展開するうえでは、前年度の方針達成状況をしっかり反省し、特に経営目標が未達のときは、目標の妥当性、方策の適切性、組織能力の十分性などをしっかり反省すべきである。さもないと、次年度も同じようなマネジメントを展開してしまい、経営目標の未達を繰り返すだけとなり、全従業員が全員参加して品質経営をしているという状況とは、ほど遠いものとなる。

2)　顧客・社会のニーズの把握と技術・ビジネスモデルの革新に基づく新たな価値の創造

顧客・社会のニーズに合った新製品、新技術を開発し、ビジネスモデルを革新することで、新しい価値を創造できる。具体的には、新製品・新技術の開発システムを構築し、運用し結果を出していることや、ビジネスモデルを革新し、より効率的にビジネスを市場で展開していることが要求されている。本書において、さまざまなビジネスモデルと適用例は、主に TQM におけるこの要素を受けて展開されている。

3) 製品・サービス及び/又は業務の質の管理と改善

標準化と日常管理のしくみを構築することで、継続的改善のしくみを運用することができるようになり、製品・サービス、業務の質を維持改善することができる。現状の市場と製品・サービスによって企業は安定的に収益を上げている。標準化と日常管理によって、さらに効率的に収益を上げることによって、その収益と組織能力を新しい分野に投入することができる。したがって、TQM において最も基本的な活動になるので、疎かにしてはならない。**図 2.4** に標準化と日常管理のフローを示す。

企業は、方針管理が重要で、日常管理は付帯的なマネジメントと考えがちである。第 115 回品質管理シンポジウムにおけるトヨタ自動車九州の発表であると記憶しているが、「方針管理のテーマを実行するためには日常管理による改

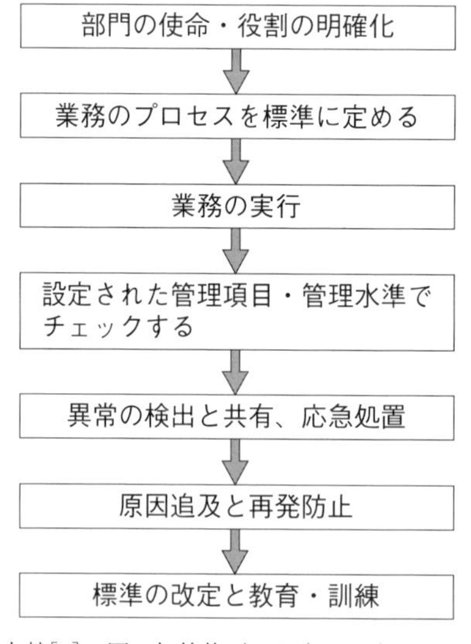

文献[4]の図に加筆修正したものである。

図 2.4 標準化と日常管理のフロー

善を徹底し、方針管理テーマを実行する時間を生み出す必要がある。」とのことであった。方針管理によって組織の末端までマネジメントの方針を徹底させることは重要である。しかしマネジメントの視点から見れば、トラブルが少なく、日常業務をこなすことも方針の徹底である。内容が方針か日常業務かの違いである。何か決められたことを組織の末端まで徹底することがマネジメントの一つの要諦であり、トップが決めたことがすぐに組織の末端まで伝わり、瞬時に動ける組織が機動力のある組織といえる。

したがって、日常管理と方針管理は両輪であって、ともにSDCAサイクルとPDCAサイクルを丁寧に回すことで成り立っていることがわかる。

4)　サプライチェーンを貫く、品質・量・納期・原価・安全・環境などの経営要素別管理システムの整備と運用

経営要素(品質、納期など)について機能別管理のしくみが構築され、運用され全社一丸となった活動が展開されている。特に事業、地域別の管理システムに対して横串を通したマネジメントが効率よく展開されていることが重要である。企業では本部制(品質保証本部、研究開発本部など)や委員会(原価管理委員会など)などの組織で運用することが多い。

特にビジネスをグローバルに展開する企業にとって、機能別管理が重要になる。具体例を挙げると、海外に展開している販社や工場の月次決算を集計するのに1週間もかかっているようでは、マネジメントのサイクルが遅いと考えられる。サイクルが遅い原因は、勘定科目や管理項目が統一されていなかったり、伝票の処理スピードやDX化ができていなかったりといろいろと考えられる。組織が成長するときには機能別管理におけるIT化、財務、人財育成などが課題となることがあるので、要検討課題である。この点は、社内のDX推進で取り上げる企業が多い。地味な課題だが、企業のDX改革では目玉の一つとなる。なお、**2.6節**で、グローバル企業における機能別管理のマネジメントについて解説する。

5)　情報の収集・分析と知識の蓄積・活用

市場および組織の中の情報が、体系的に収集・分析されることで、新たな価値の創造（新製品開発など）に有効に機能する。AI、IoT、DX、AR など最新の技術なども有効に活用している。特に方針管理、日常管理、機能別管理の目標、管理項目などの管理指標が統一されており、管理されていることが重要である。同様に、製品・部品の品番体系などが問題になることもあり、DX を推進するための基盤ができている必要がある。鈴木（2021）は、「既存事業強化の第一歩は、データ活用の強化から」[5]と述べている。

TQM では、さまざまな経営目標、管理項目、KPI をデータとして扱う。これらのデータが組織、時系列、要因ごとに瞬時に分析できるようなしくみが構築できないとマネジメントがやりにくい。特に、データの中から経営環境、企業の内外で起きている異常が自動的に検知でき、すぐに原因が探索できるような情報システムがこれからは必須となると考えている。

6）　人・組織の能力開発と活性化

経営目標達成のために、人財育成・能力開発が計画的に行われており、人と組織が活性化している。特に必要な組織能力が明確になっており、向上していることが重要である。

組織能力というと、とかく人財育成にばかり目が行きがちになるが、そうではない。ここで改めて、組織能力を定義すると、「組織または部門が特定の活動を行うことのできる力。注記 1）　特定の活動には、事業の計画・運営、企画、設計開発、調達、製造、物流、販売、サービス、人事、財務などの機能別の活動、及び品質管理、コスト管理、量・納期管理、環境管理、安全管理など横断的なマネジメント活動が含まれる。注記 2）　組織能力は、活動を通じて実証される」である[6]。

したがって、マネジメント全般の能力が人と組織に備わっており、実績を上げていることが要求されている。

7）　組織の社会的責任への取組み

組織は、社会の一員としての役割と責任を認識し、環境保全、地域貢献、公正な事業慣行などを具体的な指標を上げて、積極的に行う（SDGs などの取組み）こと、TQM の原則の顧客志向・社会志向を、具体的な活動を通して実践することが求められる。**2.6 節**を参照のこと。

(3) C. TQM の効果と課題

1) TQM の活用・実施を通して、経営目標・戦略について得られた効果

TQM の効果は、売上、利益などの財務的な指標、品質、コスト、納期、安全などの経営要素の管理項目の指標、その他、従業員満足度、顧客満足などの指標が目標を達成しているか、向上していることが求められる。すなわち有形の効果、無形の効果を上げていることである。

筆者は、企業の財務的効果と TQM 活動との関係性を研究している。その結果の一部として、財務的効果が出ている企業の特徴を本書の随所で解説している。

(2) 特徴ある活動と組織能力の獲得

これらの成果を出すうえで、TQM の内容、もしくは適用に特徴的な活動があり効果を上げていることと、さらに、将来の成長に向かって、必要な組織能力を獲得していることが求められる。

以上 A・B・C の項目を組織全体で、TQM がなされているかどうかが、デミング賞の審査である。

2.1.2 デミング賞・大賞受賞企業の例

TQM 活動を実施し、審査に合格するとデミング賞を取得できる。ただし、デミング賞は全社でなくても企業の一部門でも取得することはできるが、デミング賞は、全社・全部門が参画して取得することが望ましい。これは TQM の 3 原則にある全員参加からも自明である。また、TQM 活動は、複雑な PDCA サイクルを幾重にも回すので、継続することが難しい。これだけ複雑なマネジメントであるから、成果が出ないと続かない。2018 年にデミング賞、2021 年にデミング大賞を受賞した株式会社オティックスについて解説する[7]。

(1) オティックスの概要

オティックスは、トヨタ自動車をはじめ SUBARU、いすゞ自動車などを主要ユーザーとして、ローラアーム、HLA(ラッシュアジャスタ)、バランサASSYをはじめとするエンジン機能部品を主要製品とした各種自動車部品を製造・販売している。

企業の基本情報は以下のとおりである[8]。

① 資本金：303百万円

② 売上高：671億円(2020年度国内)

③ 従業員：国内1,688名(2021年4月30日現在)

④ 生産拠点：国内4拠点、海外4拠点

(2) オティックスの沿革

1918年　西尾市中畑町にて小田井鉄工所創業

1946年　トヨタ自動車と取引開始

1949年　小田井鉄工(株)設立

1979年　トヨタ品質管理賞優良賞受賞

1992年　(株)オティックスに社名変更

1998年　ISO 9001認証取得

2006年　ISO/TS 16949認証取得

2013年　技術本館完成

2014年　トヨタ特別賞10年連続品質管理優秀賞受賞、TQM強化宣言

2018年　創立100周年、デミング賞受賞

2021年　デミング大賞受賞[8]

オティックスは創立100年を誇るモノづくり企業であり、品質経営における最高レベルであるデミング大賞を受賞している。100年に一度の大変革期にある自動車業界において、着実に成長している企業である。

(3) 経営理念

オティックスの経営理念は、「『和と努力』を基とし、常に創意工夫をもって、品質の向上、コストの低減に努め、会社の繁栄と社員の幸福を図り、社会に貢献する[9]。」である。

オティックスは、非常に風通しのよい企業で、現会長の小田井博茂氏が素晴

らしいリーダーシップで企業を引っ張り、2018年にデミング賞を受賞し、現社長の小田井勇樹氏に引き継がれて2021年にデミング大賞を受賞している。

(4)　オティックスのマネジメントの特徴

長期ビジョンである「VISION 120」(「120」の意味は営業利益の達成目標と考えられる)の実現に向けた経営戦略の達成に向けて、2038年には現在の2倍に当たる売上高で1,200億円、営業利益120億円をめざしている。

経営戦略の基本として、VISION 120のめざす「イコールパートナーと評価される開発提案型企業への成長」達成を目指している。具体的方策として「開発提案力の強化」・「良品廉価の製品提供力強化」・「人間尊重の企業基盤強化」の3項目を定義し、また同様に「新規分野への挑戦」に対しては具体的方策として、「自動車事業での新分野探索」・「新自社技術を確立し新分野探索」の2項目を定義し、活動を推進している。

筆者が実際にオティックスを訪問し、経営幹部や従業員の方々から話を伺うと、本当に風通しのよい企業と感じる。抱えている問題・課題についても、ためらいなく話していただける。ただし、そのあとに必ず、「問題に対してこのように取り組んでいる」という話がついてくる。具体的には、オティックスにとってエンジン部品が主力商品ではあるが、自動車の電動化が進み、部品の発注量の減少は避けられない。したがって、EV用の部品の製造を請け負って、生産技術力の開発をしている。現在、いくつかの商品には試作ができたとの話である。このように明るい風通しのよい社風と、何事にも果敢に挑戦し、課題解決をする企業はなかなか存在しない。

オティックスのTQM活動の具体的内容は、文献[8]のデミング大賞講演会要旨に述べられているので参考にするとよい[8]。

2.2　TPS：トヨタ生産方式

トヨタ生産方式については、さまざまな書物に書かれているので、ここではトヨタ自動車元副社長の河合満氏が語ったトヨタ生産方式の神髄について紹介する。

(1) トヨタのおやじ

河合氏については、野地秩嘉：『トヨタ現場の「オヤジ」たち』(新潮新書、2018年)にその人となりがイキイキと書かれている。筆者にとっては、2018年10月18日の日科技連クオリティフォーラム2018「モノづくりは、人づくり～技能伝承と人材育成～」で講演をいただく直前に、控室に入られる際の印象が強く残っている。スーツをビシッと着こなし遠くから歩いてくる姿は、花道を歩いてくる役者のようであり、鮮明に覚えている。語り口はソフトで、温和な姿だが、目の奥は、やさしさと仕事に対する厳しさを含んでいた。野地氏の著作の一節より、「カイゼン後はカイゼン前のこと。カイゼンしたら終わりではない。次はもっとカイゼンしろ」、「現状維持は退化だぞ、常に先へ先へ行くんだ」という河合氏の言葉がトヨタ生産方式の神髄を表している。

(2) TPSの基本思想と2つの柱

トヨタ生産方式の基本思想は、**徹底的なムダ排除による原価低減**であり、そのための2つの柱が①ジャストインタイム、②自働化である。

1) 7つのムダ

TPSでは、7つのムダを徹底的に工程の改善によって削減する。7つのムダとは以下のとおりである。

① 加工のムダ

標準作業が決まっておらず、不必要な加工、組立、検査など作業自体がムダな作業となっていることがある。

② 在庫のムダ

部品、仕掛品、完成品の在庫で、本来の決められた量以上(すなわち余力がある)の在庫があれば、それは在庫のムダである。例えば設備故障、不良の検出などによって機械やラインが止まっても、仕掛在庫があれば後工程を止めずにすむが、それによって現場の問題(機械の故障、不良が発生する原因)が隠れてしまい、改善の機会が失われてしまう。なお、在庫のムダは③とも関係している。

③ つくりすぎのムダ

7つのムダの中で最も悪い。製品、部品をつくりすぎれば在庫のムダ、資金のムダ、棚卸のムダ、製品・部品の劣化による廃棄のムダを生み出し、企業のマネジメント全体に影響する大きなムダにつながる。

④ 手待ちのムダ

作業者が標準時間で作業をしていても、手待ちが生じていれば標準時間に余裕がありすぎることになる。TPSでは、作業者に負荷がかかりすぎて労働強化になるという誤解を生むことがあるが、決められた余裕時間を超えるものをムダといっているのである。

⑤ 動作のムダ

しゃがむ、探す、持ち替える、歩くなど、加工以外の動作はすべて付加価値を生まない作業である。加工とは付加価値を生む作業を指し、その時間の割合を増やすことが重要である。この点もTPSにおける労働強化といわれる誤解を生んでいるので、その考え方を正しく理解する必要がある。

⑥ 運搬のムダ

必要以上のモノの移動、仮置き、積み替えなどは、すべてムダな作業である。モノづくりの中心にある工場では、モノを移動することで効率的に部品・製品を作っているように見えるが、1つの場所・工程ですべての作業ができればそれが理想的である。例えばベテランの家具職人が1人で全工程を担当すれば理想的であるが、複数の職人がそれぞれの工程を担当すれば、必然的に運搬が生じる。この運搬をムダといっているのであり、できるだけ運搬の回数と距離を減らすことをTPSでは推奨している。

⑦ 不良・手直しのムダ

不良品を手直し、廃棄するムダである。100%良品を作り込める工程であればこのムダは生じない。

これら7つのムダを改善によって、徹底的になくそうとするのがTPSの思想である。

2）ジャストインタイムと自働化

次に、ジャストインタイムと自働化である[12]。

① ジャストインタイム

必要なものを必要なときに必要な分だけ、停滞なく流すことである。

売れる製品を売れる速度で作ることによって、作業や在庫のムダがなくなり、効率的な生産活動が展開できる。平準化生産が基本となる。平準化生産は、一定期間(例えば、1カ月間)一定の種類の製品を、一定量作る生産のやり方で、最終組立工程を平準化生産することで、加工、サプライヤーの工程を同期させることが可能になり、生産活動全体が安定する。平準化生産ができないと、各工程間の同期が乱れ、不必要な在庫または欠品、人員の過剰配分や欠員など大きなムダが発生する原因になる。

② 自働化

異常が発生したとき、その場で機械などが自動的に止まること、また異常の発生がわかることである。一般的な自動化とTPSの自働化は意味が根本的に違う。自動化はロボットなどの自動化の設備で、人の作業を機械に置き換えることである。TPSの自働化は自動機に人間の作業のよし悪しの判定機能を与えることである。すなわち加工したものが良品であれば次の工程に渡し、異常(不良品)であれば工程を止め、不良品を排出し、原因が除去できたら再稼働につなげる。もし異常を検出する機能がなければ、大量の不良品を生産し続け、多大なロスを生み出すことになる。したがって、単なる自動化は不良を多大に生み出す原因にもなりかねず、TPSでいう自働化は自動化のためにも大事な考え方である。昨今は、画像センサーやAIによる自動判定ソフトウェアが組み込まれた自動化ラインを見ることができる。しかし、画像情報だけで異常を判定するわけではないので、人間の五感で異常判定できるような自動機の開発が必要になってくる。

なお、TPSの実践例は、先ほど紹介したオティックス、後で紹介するメイドー、何より本家のトヨタ自動車、トヨタグループで数多くの改善事例を見ることができる。読者はぜひ、工場見学をされるとよい。

トヨタ自動車のよさについては、数々のメディアで取り上げられている。一言でいえば、「モノづくりは人づくり」を具体的に体現しているのがトヨタ自動車である[13]。

2.3 TPM

2.3.1 TPMとは

日本プラントメンテナンス協会では、TPM(Total Productive Maintenance)を、「生産システム効率化の極限追求(総合的効率化)をする企業の体質づくりを目標にして、生産システムのライフサイクルを対象とし、“災害ゼロ・不良ゼロ・故障ゼロ”などあらゆるロスを未然防止する仕組みを現場現物で構築し、生産部門をはじめ、開発、営業、管理などの全部門にわたって、トップから第一線従業員に至るまで全員が参加し、重複小集団活動によって、ロス・ゼロを達成すること」と定義している[14]。

すなわち、TPMは設備を中心とした効率的な生産システムを構築し、運用する全社活動といえる。したがって、設備を中心とする製造業に合っているマネジメントスタイルといえる。TPMでは、生産システムの効率を追求するために3大ロスを定義し、全社活動でこれらのロスを極限まで減らすこと活動の中心に据えている。

3大ロスには、

① 設備の効率化阻害の8大ロス

② 人の効率化阻害の3大ロス

③ 原単位の効率化阻害の3大ロス

がある。②についてはTPSでも扱う項目であり、③はIE(Industrial Engineering)やVA/VE(Value Analysis/Value Engineering)でも扱う項目でもある。次項では、①の設備の効率化阻害の8大ロスについて解説する[15]。

2.3.2　設備の効率化阻害の８大ロス

(1)　故障ロス

突発的・慢性的に発生している故障によるロスで、時間的なロス(出来高減)、物量(不良発生)を伴うものである。

品質管理では、故障件数、故障による設備停止時間、平均故障間隔(MTBF：Mean Time Between Failure)、**平均修理時間(MTTR：Mean Time to Failure)などのKPI(Key Performance Indicator：重要業績評価指標)で管理する。そもそも高額な自動機や工作機械が働いていない時間は、設備投資の観点からすると、最大のロスとなる。**

(2)　段取り・調整ロス

現製品の生産終了時点から次の製品への切替え・調整を行い、完全な良品ができるまでの時間的なロスである。先ほど解説したTPSでは、平準化生産と1個流しを推奨しており、段取り時間の短縮はシングル段取り(10分以内に段取りが完了する)といって、TPS活動の基本になる重要な活動である。**多品種少量生産の職場では、段取り替えによるロスを最小限に食い止めないと、在庫が増え、財務管理上の棚卸資産が増え運転資金を圧迫することとなる。**

(3)　刃具交換ロス

主に、機械加工職場や溶接職場で行われる刃具(バイトや砥石)、チップの定期交換や、折損・スパッタ付着などによる一時的な交換、研磨機の砥石のドレッシングに伴う時間的なロスと、交換の前後に発生する物量ロス(段取り後の試運転などで発生する不良、手直し)のロスをいう。機種交換の段取りロスとは区別している。刃具や砥石の研磨、交換は経費や設備投資のロスにつながり、刃具や砥石の摩耗状況は製品や部品の品質にも影響するのでシビアな管理が要求される。

(4)　立上りロス

設備のスタートアップ時などで、機械的なトラブル(チョコ停・小トラブルなど)がなく、品質が安定し良品を生産できるまでの時間的なロスと、その間に発生する物量(不良・手直し)のロスをいう。**プレス機や射出成型機などで、金型の温度管理などの操業条件が安定化したどうかを確認するために、試し打ちに使った材料や時間的ロスなどを指す。**

(5)　チョコ停ロス

故障ロスのように部品交換・修理を伴わない短時間の停止ロスをいう。代表的な例は、搬送部でのワークの詰まりやひっかかりなどによる一時的な停止で、停止時間が5分以内のもの、とされている。**チョコ停ロスは、簡単に復旧できるので軽く考えがちだが、回数が増えると累積し大きなロスになる。**搬送機や材料のセッティングなどの細かい動きを動画などで追跡し、改善のポイントを探る必要がある。

(6)　速度低下ロス

設備設計時のスピードに対する実際のスピードの差によるロス、あるいは設計時点のスピードが現状の技術水準またはあるべき姿に比べて低いことなどを指し、設備のスピードが遅いために発生するロスのことをいう。特に設備が老朽化し、設備のさまざまな部位が摩耗してくると、異音や振動が発生することがある。異音や振動を抑えようとして設備の運転速度を落とすことがあるが、本来は定期的に摩耗部品を交換するなどの対策を講じる必要がある。

(7)　不良・手直しロス

不良・手直しロスとは、不良による物量的ロス(廃棄不良)と、修正して良品とするための時間的ロスをいう。**不良・手直しロスを少なくするためには品質管理、特に標準化と日常管理とそれに伴う改善活動が最も効果的である。2.1節を参考にするとよい。**

(8)　SD(シャットダウン)ロス

設備の計画的なメンテナンスを行うために設備を停止する時間的ロスと、その立上がりのための発生する物量ロスのことである。設備の定期点検などが徹底されてくると設備の故障などは減る。そのためには、早めに摩耗部品などを交換する必要がある。その際より耐摩耗性の優れた交換部品とすれば、計画的なメンテナンスの期間を延ばすことができ、結果的に交換部品代を下げることも可能になる。

このように、設備管理は設備を導入してから廃棄するまでのライフサイクル全体を通してマネジメントする必要がある。

TPMでは上記の３大ロス、中でも設備の８大ロスを究極的に少なくし、効率的なマネジメントをめざしている。しかし、そのために職場の基本となる風土づくりが重要であり、TPMでは5Sを重視している。5Sとは、

整理：いるものといらないものを分ける
整頓：いるものをすぐ取り出せるようにする
清掃：きれいにする
清潔：きれいな状態を保つ
躾　：ルールを守る

であり、これらすべての要素の頭文字がSなので、5Sと呼ばれている。特に、職場の生産性に直接影響するのが整理、整頓の2Sである。職場でも自分の部屋でも、モノにあふれている環境下では、探すという行為が必要になる。すぐに取り出せなければ、いつまでも探していることになる。また、急に停電したときに、懐中電灯が見つからない、スマホをどこに置いたかわからないなど、整理、整頓ができていないと非効率な生活を送ることになる[16]。

この探すという行為をなくすために、職場では３定が基本である。３定とは、**整頓**の基本で、在庫管理の条件の一つでもある**定位・定品・定量**のことをいう。

定位：いつも決まった位置に、道具などを置くこと。
定品：定位置に決まったもの(道具など)を置くこと。
定量：定位置に決まったものを、決まった数を置くこと。

これら３定を守ることで職場のムダを排除できる。その他の3Sが職場で当たり前のように維持できていることで、職場の風土がよくなっていく。筆者が数々の企業の現場に訪問する際5Sがきちんとできている職場は、マネジメントの基本ができており、これからの改善活動に進める準備ができていると考えている。

2.3.3 TPM活動の例

TPM活動の例として、メイドーを取り上げる。

(1) メイドーの沿革

創業年：1924年(大正13年)4月

本社所在地：愛知県豊田市三軒町4-5

売上 981億円(2020年度)

従業員数 2690名(2021年度)

1924年4月：名古屋市西区明道町において、個人企業として、ボルト、ナット、ピン類を主生産品とする明道鉄工が創業。

1932年10月：名古屋市西区牧野町に工場移転すると同時に、豊田自動織機製作所の協力工場となる。

1938年3月：名古屋市中川区富船町に工場移転、トヨタ自動車工業株式会社の協力工場として自動車部品製造に従事。

1991年5月：社名を株式会社メイドーに変更。

その後2016年までに、トヨタ品質管理賞6年連続受賞、デミング賞・デミング大賞受賞、TPM優秀賞・TPM優秀継続賞受賞している[18]。

以上のように、しっかりしたマネジメントを展開すると評価されている中堅製造業である。大量生産するボルト、ナットを製造する生産システムとそのマネジメントはTPM、TPS、TQMのお手本となる。

TPM活動については、デミング大賞を受賞した際の講演会要旨を要約すると、「1998年にTPM優秀賞を受賞した際、それまでの3年間で、突発故障件数が10分の1に減少した。また老朽化が進んだメッキ設備を改善し、設備能力が30%向上した。そのうえ、その後10年間もメッキ設備を使い続けることができた。」とある。メイドーがTPM活動によって、具体的な成果を上げている様子がわかる。そして今日まで、TPM、TPS、TQMを継続していることによって、企業が成長していることが伺える[19]。

メイドーは、先ほどのオティックスと同じ協豊会(トヨタ自動車のサプライヤーで構成されている企業グループ)に所属しており、いい意味でライバルとも伺える。非常にまじめな社風で、毎日数百万本のボルト、ナットを製造・販売しているが、さまざまなロットの部品混入がほとんどないことに驚かされる。もちろん、不良はほぼゼロといってよい。このレベルのマネジメントを確立できる企業はそうはない。TQM において、標準化と日常管理がマネジメントの基盤で重要視されているが、メイドーの標準化と日常管理は世界でもトップクラスと考えることができる。

2.4 パーパス経営

2019 年ごろから、経営学において、パーパス経営が話題になっている[20]。岩嵜(2021)は、パーパスを「社会的存在意義」と定義している[21]。すなわち、「企業は何のために存在するのか、社会においてどんな責任を果たすのか」の2つの質問に明確に答えをもっており、徹底的に実践している企業が、社会において存在価値がある企業といえる。

名和(2021)は、1979 年にデミング賞、1992 年デミング大賞を受賞した竹中工務店をパーパス経営を実践している企業として紹介している。創業 1610 年の同社が 400 年以上続けている経営については、竹中工務店 TQM 推進室編:『企業存在価値の創造 品質経営』(日科技連出版社、2022 年)に詳しく述べられている[22]。竹中工務店の経営理念は、**「最良の作品を世に遺し、社会に貢献する」**と至極シンプルであるが、見事にパーパスを表現している。また品質経営の心として、**「最大たるより最良たれ」**が経営理念のバックボーンになっている[22]。

また 2018 年、長年低迷していたソニーを立て直し、平井一夫氏が CEO を退任した。在任中の 5 年間で赤字に転落していたソニーを再建した手腕は高く評価できる。平井氏が社内外に一貫して言い続けた言葉は、**「ソニーが目指すのは KANDO。お客様に感動を与える製品やサービスをみんなで創り出そう」**であった[22]。このことばに社員が奮い立った結果がソニーの再建であった。

平井氏の後任の吉田憲一郎氏は、ソニーのパーパス、**「クリエイティビティとテクノロジーの力で、世界を感動で満たす。」**を定めた[23]。企業が危機に陥ったときに、再建のパワーの一つとなるのは、パーパスであることがわかる。

トヨタ自動車の場合、豊田綱領が経営理念となっている[24]。ホームページによると、ミッションとして、**「わたしたちは、幸せを量産する。」**とあり、続いて、「だから、人の幸せについて深く考える。だから、より良いものを安くつくる。だから、1秒1円にこだわる。だから、くふうと努力を惜しまない。だから、常識と過去にとらわれない。だから、この仕事は限りなくひろがっていく。」とある。

3社とも素晴らしいパーパスを定めていることがわかる。なお、**第3章**でジョンソン・エンド・ジョンソンのクレド型グローバルマネジメントを解説しているが、これもパーパス経営の具体例として参考にするとよい。

2.5 両利き経営と経営戦略・方針管理・日常管理の関係

チャールズ・A・オライリー、マイケル・L・タッシュマン(2020)が研究し、提唱しているマネジメントスタイルに「両利き経営」がある。両利き経営とは、「既存事業から収益を上げながら、いかに新規事業を開拓し、企業の成長を続けるか」という企業の課題に応えるマネジメントスタイルである。早稲田大学の入山章栄氏が翻訳しており、ここではそのポイントを簡潔に解説する[25]。

両利き経営は、縦軸に戦略的重要性、横軸に組織能力を置き、4つの象限で企業の事業展開を分類したとき、左上の象限に位置する、すなわち戦略的重要性が高く、既存の組織能力で対応するという経営のやり方である(**図2.5**)。

この概念図をもとに、**第4章**で解説するアンゾフのマトリックスを用いて、戦略とTQMの構成要素との関係を示すと**図2.6**となる。

以上のように、戦略の立案とTQMの構成要素を組み合わせて、マネジメントモデルを構築し、運用することで企業の成長が実現すると考えられる。

ここで両利き経営についてTQMの視点から解釈すると、次のようになる。

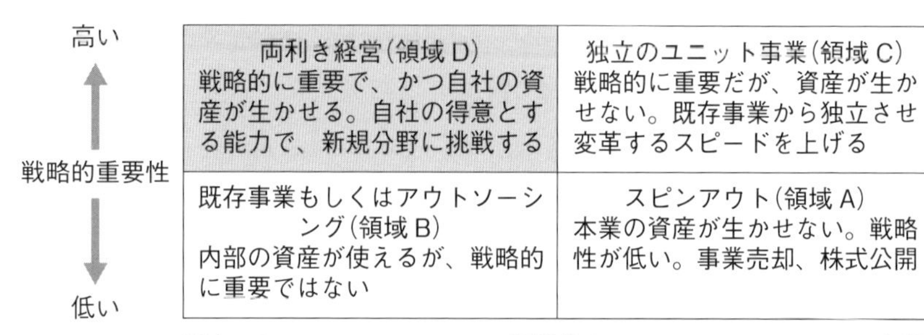

文献[25]に加筆修正している。

図 2.5　両利き経営の位置づけ

	既存の組織能力	新しい組織能力
新市場	市場開拓戦略 方針管理、マーケティング	多角化戦略 戦略的方針管理、M&A
既存市場	市場浸透戦略 日常管理	新製品開発戦略 方針管理、新製品製品開発管理

図 2.6　戦略と TQM の構成要素の関係

(1)　市場浸透戦略を日常管理で実施する

現在の市場と製品・サービスは企業の収益の柱となる。また組織能力を向上させる源泉ともなる。ここで得たキャッシュと組織能力を市場開拓戦略または新製品開発戦略に振り向ける。本書では前述のオティックス、メイドーが参考になる。

(2)　市場開拓戦略を方針管理で実施する

現状の収益と、組織能力でマーケティング戦略を立案し、方針管理で新しい市場に挑戦する。企業を成長させるにはターゲット市場を広くすることが重要である。そのためにも、この後の節で解説するグローバル経営の GOM(Global Operating Model)が必要になってくる。**2.6 節**で解説する村田製作所が参考になる。

(3) 新製品開発戦略を方針管理、新製品開発管理で実施する

現状の市場に新製品を投入するわけだが、自社の立場によって目的は異なる。マーケット・リーダーであれば市場を守ること、マーケット・チャレンジャーであればマーケット・リーダーに挑戦することが目的となり、後者のほうが、より多くの収益の投入、すなわち投資と高い組織能力が必要となる。本書では、**第8章**で後述するアスクルが参考になる。

(4) 多角化戦略を戦略的方針管理で実施する

最もリスクが高く、キャッシュ、組織能力が必要となるのが多角化戦略である。十分にキャッシュと組織能力があり、既存の市場でも競合相手がいないような場合に迅速に実施すべき戦略である。本書では、**第8章**で解説する日立製作所が参考になる。

2.6 グローバル経営

グローバル経営とは、「世界で通用する強みがあり、それを生かして世界中でまんべんなく商売ができていることである」、と米インディアナ大学のアラン・ラグマン教授は述べている[26]。日本では、キヤノン、ソニー、マツダが代表的な企業として紹介されている。

一橋大学名誉教授の一條和生[27]は、著書の中で京都にある村田製作所をグローバル経営の模範として賞賛している[28]。

2.6.1 村田製作所のグローバル経営

(1) 村田製作所の概要

日本企業の中でもトップクラスの海外売上高比率を上げているのが、京都に本社を置く村田製作所である。創業は1944年10月、同社の連結売上高1兆6,869億円(2023年3月期)のうち、91%(2022年度)を海外での売上が占めている。同社は、コンデンサーや圧電製品などのコンポ−ネント、通信モジュールや電源モジュールなどの電子部品を製造する電子部品メーカーであり、主要製

品の世界シェアも高い。積層セラミックコンデンサーは40%、ショックセンサーは95%などの高シェアを誇る。中国・東アジア、東南アジア・南アジア、アメリカ、ヨーロッパに販売、工場、研究開発など多数の拠点を持っている。連結従業員数は73,164名(2023年3月31日現在)である。財務については、2023年度の売上高は16,868億円、営業利益2,979億円、営業利益率17.7%と高い水準と保っている[29][30][31]。

村田製作所のスローガンは、「Innovator in Electronics」である。その意味は「エレクトロニクスの改革者たれ」である。このスローガンには、「エレクトロニクス産業のイノベーションを先導していく存在でありたい」という思いがある。また、社員一人ひとりが「改革者」(Innovator)として、自らの仕事を変革(Innovate)していく姿勢を求め、環境や社会への貢献を真摯に考え、Innovatorとして、行動を起こすことをめざしている[32]。

(2)　グローバル経営の実態

村田製作所は海外売上高比率91%(2023年実績)で、国内生産比率65%といわれている。

グローバル本社は全社戦略構築とガバナンス機能を統括し、地域統括の機能は地域の販売を統括している。R&D機能は本社、事業部、地域統括についても中心は日本で行っている。このように、効率的なグローバル経営を支える生産・購買・販売システムを構築している。

村田製作所の戦略の進捗をモニタリングするしくみとして、自社内で開発している情報システムが整備されている。生産、販売、購買のデータを、グローバルに、また子会社も含めて同質のデータとして、本社で見られるようにしており、事業の拡大に伴う業務プロセスの標準化や品番の拡大も柔軟な対応が可能となっている[33]。

情報システム部門は情報システム統括部として、ビジネスシステム戦略企画部、情報技術企画部、モノづくり支援システム部、SCM支援システム部、デジタル推進部などに分かれており、村田製作所の全体のビジネスとモノづくりの情報を統括管理していると考えられる。

2.6.2　グローバル経営と3つの基軸によるマネジメント

ここで改めてグローバル経営を定義すると、「文化、経済、政治など人間の諸活動、コミュニケーションが、国や地域などの地理的境界、枠組みを越えて大規模に行われるようになり、地球規模で統合、一体化される趨勢。」である[34]。グローバル経営に対応したビジネスプロセスはGOM(Global Operating Model)という。

Gregory Kesler、Amy Kates(2016)は、GOMを「相互に依存する一連の組織構造、プロセス、ガバナンス、測定基準、報酬システムを、本社のビジネス、機能チーム、および多様な地理的チームと世界中の複雑な戦略を実行するために結合させるもの」と定義している[35]。非常に複雑なシステムであり、言葉の定義としてはわかるが、筆者は具体的なイメージが湧かないように感じる。

田口(2015)は、GOMを**図2.7**で表現している[36]。かいつまんで解説すると、「GOMは組織/ガバナンス、業務/IT、人材/ビジョンの3つのプラットフォームからなり、効率性、規模メリット、経営リソース共通化し、高速PDCAを追求するモデルであり、目標はビジョンの実現にある。」となる。

すなわちグローバル化を実現したければ、組織とガバナンス、業務とIT化、

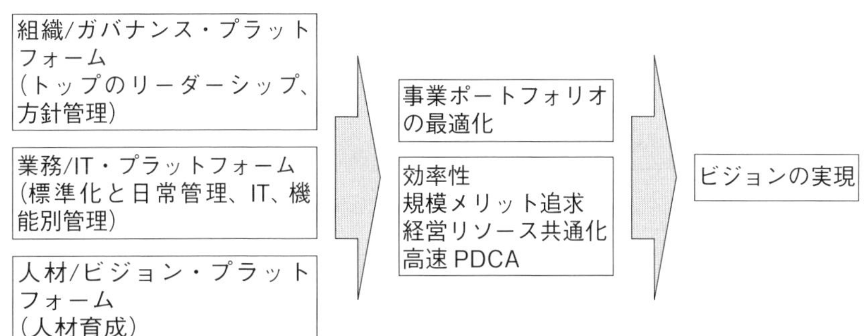

出典)　田口芳昭：『なぜ日本企業は真のグローバル化ができないのか』、東洋経済新報社、p.64、図表2-2、2015年に筆者加筆・修正[36]

図2.7　GOMモデルの概念図

人材とビジョンが、3つの壁として立ちはだかっていることを意味している。これらを克服したグローバル経営で有名な企業は、ドイツのシーメンス[36]、日本では先ほどの村田製作所である[28]。参考文献にはかれらのマネジメントが詳しく解説してある。また、本書でもネスレ、ジョンソン・エンド・ジョンソン、日立製作所、トヨタ自動車、YKKなどグローバル企業のマネジメントモデルについて解説している。

グローバル経営では、図2.7のGOMの3つのプラットフォームの構築が必要になる。さらに時間軸が違う(例：中長期、年度、月次、週次など)PDCAサイクルを回すので、マネジメントのしくみ、すなわちビジネスモデルの表現や運用も複雑になる。**図2.8**にグローバル化と両利き経営の概念図を示す[25]。

グローバル経営や両利き経営がわかりにくいといわれるのは、図2.8のようにマネジメントの構成要素が複雑に入り組んでいることが一因である。構成要素は組織とガバナンス、業務とIT化、人材とビジョンの3つに機能、複数の事業とそれらの戦略とマネジメント、複数の市場である地域である。近い将来、**第6章**で解説するティール組織のような比較的簡単なマネジメントの形態にな

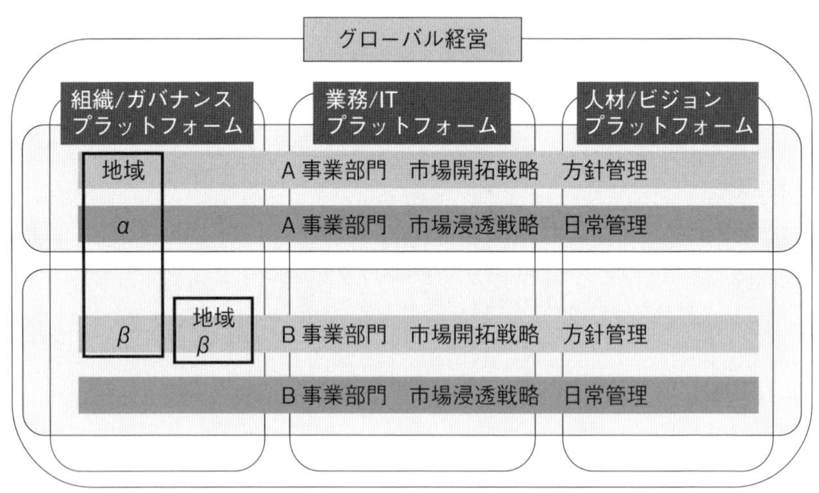

図2.8　グローバル経営と両利き経営

ることも考えられる。

第２章の引用・参考文献

[1]　JSQC-Std 00-001：2018「品質管理用語」、p.4、p.6
[2]　デミング賞委員会：「デミング賞・デミング賞大賞応募の手引き」、p.28、2024年
https://www.juse.or.jp/deming/download/DP_App_Guide_JPN_2024.pdf
[3]　デミング賞委員会：「デミング賞のしおり」、日本科学技術連盟ホームページ（2024年5月9日閲覧）
https://www.juse.or.jp/deming/download/DP_shiori_2024.pdf
[4]　JSQC-Std 32-001：2013「日常管理の指針」、p.13
[5]　鈴木忠雄：『経営革新』、プレジデント社、2021年
[6]　JSQC-Std 11-001：2022「TQMの指針」、p.5
[7]　オティックス：「受賞組織の声」、日本科学技術連盟ホームページ　(2024年5月9日閲覧)
juse.or.jp/deming/download/2018D_OTH.mp4
[8]　オティックス：「デミング賞大賞 受賞報告講演要旨」、日本科学技術連盟ホームページ　(2024年5月9日閲覧)
https://www.juse.or.jp/upload/files/DGP2021OTICS.pdf
[9]　株式会社オティックス：「社是・経営理念」
https://www.otics.co.jp/about/philosophy/
[10]　Wikipedia：「河合満」（2024年5月9日閲覧）
https://ja.wikipedia.org/wiki/%E6%B2%B3%E5%90%88%E6%BA%80
[11]　野地秩嘉：『トヨタ現場の「おやじ」たち』、新潮社、pp.102-115、2018年
[12]　藤澤俊明：「トヨタ生産方式・TPSの基本思想と2本柱(ジャストインタイム、自働化)とは」、KAIZEN BASE　(2024年3月30日閲覧)
https://kaizen-base.com/column/31335/
[13]　堀切俊雄：「なぜTPSの導入はうまくいかないのか」、『日経クロステック』(2024年3月30日閲覧)
https://xtech.nikkei.com/dm/article/NEWS/20091009/176277/
[14]　日本プラントメンテナンス協会：「TPMとは？」（2024年5月9日閲覧）
https://www.jipm.or.jp/business/tpm/(2024-03-31 検索)
[15]　鐘ヶ江克則：「ロス改善の考え方②　16大ロス(+αロス)」、TPMオンライン(2024年5月9日閲覧)

https://tpmonline.jp/kaizen-know-how/loss-kaizen/losskaizen02/

［16］「在庫管理術　3定【3定とは？進め方と定着のポイントを確認】」、smartmat（2024年5月9日閲覧）
https://www.smartmat.io/column/fives/3871

［17］ メイドー：「会社概要」（2024年5月9日閲覧）
https://www.meidoh.co.jp/prof/about（2024-03-31 検索）

［18］「メイドー」、企業Wiki　（2024年5月9日閲覧）
https://corp.wiki.fc2.com/wiki/%E3%83%A1%E3%82%A4%E3%83%89%E3%83%BC

［19］「各種資料ダウンロード」、日本科学技術連盟ホームページ　（2024年5月9日閲覧）
https://www.juse.or.jp/deming/download/

［20］ 名和高司：『パーパス経営』、東洋経済新報社、pp.234-240、2021年

［21］ 岩嵜博論、佐々木康裕：『パーパス「意義化」する経済とその先』、ニューズピックス、p.34、2021年

［22］ 竹中工務店 TQM 推進室編：『企業存在価値の創造　品質経営』日科技連出版社、2022年

［23］ 平井一夫：『ソニー再生』、日本経済新聞出版、p.167、2021年

［24］ トヨタ自動車：「トヨタフィロソフィー」（2024年5月9日閲覧）
https://global.toyota/jp/company/vision-and-philosophy/philosophy/

［25］ チャールズ・A・オライリー、マイケル・L・タッシュマン著、入山章栄監訳・解説、富山和彦解説、渡部典子訳：『両利きの経営』、東洋経済新報社、p.286、2020年

［26］ 入山章栄：「真に「グローバル」な企業は、日本に3社しかない」、日経ビジネス　(2024年5月9日閲覧)
https://business.nikkei.com/atcl/seminar/19/00059/060400015/?P=2

［27］ Wikipedia：「一條和生」（2024年5月9日閲覧）
https://ja.wikipedia.org/wiki/%E4%B8%80%E6%A2%9D%E5%92%8C%E7%94%9F

［28］ 一條和生、野村総合研究所グローバルマネジメント研究チーム編：『グローバル・ビジネス・マネジメント』、中央経済社、pp.131-139、2017年

［29］ 村田製作所：「会社概要」（2024年5月9日閲覧）
https://corporate.murata.com/ja-jp/company/factsandfigures?intcid5=mco_xxx_xxx_xxx_cnvm_xxx

［30］ 村田製作所：「セグメント別売上高」（2024年5月9日閲覧）

https://corporate.murata.com/ja-jp/ir/financial/segment?intcid5=mco_xxx_xxx_xxx_rn_xxx
[31]　真壁昭夫：「村田製作所、隠れた超高収益企業の秘密…独自技術で世界シェア95%の商品も」、ビジネスジャーナル　(2024年5月9日閲覧)
https://biz-journal.jp/company/post_311191.html
[32]　村田製作所：「ムラタの経営理念(社是)」(2024年5月9日閲覧)
https://corporate.murata.com/ja-jp/company/philosophy
[33]　@IT Special：「村田製作所に聞く、「既存システムのクラウド移行」成功までの軌跡」(2024年月23日閲覧)
https://atmarkit.itmedia.co.jp/ait/articles/1810/28/news001.html
[34]　コトバンク：「「グローバル化」の解説」(2024年5月9日閲覧)
https://kotobank.jp/word/%E3%82%B0%E3%83%AD%E3%83%BC%E3%83%90%E3%83%AB%E5%8C%96-181351
[35]　Gregory Kesler, Amy Kates：Bridging Organization Design and Performace, Jossey-Bass Inc Pub, p.3, 2016
[36]　田口芳昭：『なぜ日本企業は真のグローバル化ができないのか』、東洋経済新報社、p.64、2015年

第3章
マネジメントモデル

企業のマネジメントモデルに関する代表的な構成要素は、理念、経営機能、事業および地域である。ただし、地域は事業と密接に関係する。さらに事業には職能別組織のように、営業、設計、製造、物流、アフターサービスがある。企業はこれらを組み合わせてビジネスモデルを構築し、運用している。それぞれのビジネスモデルは**第8章**で扱うこととし、本章では理念、経営機能を中心に扱うこととする。

理念と経営機能は、さらに以下の要素に分けることができる。

理念：経営理念・ビジョン・行動指針など

経営機能：戦略、マーケティング、財務、組織、人財、モノづくり、研究・開発、調達、情報、SDGs

企業の規模が大きくなり、売上が数千億円を超え、グローバル環境下でビジネスを展開する企業では、上記の経営機能を本部として、統括している。

企業にこれらの要素を当てはめてその内容を具体的に掘り下げると、企業の特徴が見えてくる。ここでは、具体的な実践例としてキーエンス、YKK、ネスレ、ジョンソン・エンド・ジョンソン、日立製作所、トヨタ自動車を順に取り上げる。いずれの企業も、高収益を上げており、成長し続けている企業である。

3.1　YKKの内製型マネジメントモデル

YKKグループの事業内容は、ファスニング・建材・ファスニング加工機械および建材加工機械などの製造・販売であり、世界72カ国でビジネスを展開している。創業は1934年1月1日であり、2023年3月31日現在、従業員44,527名(国内17,891名/海外26,636名)、株式は非公開である。連結売上高8,932億円、当期純利益379億円、売上高当期純利益率4.2％、総資産12,215億円、総資産回転率0.73である[1]。

YKKの経営理念は「善の循環」である。創業者である吉田忠雄氏の考えで、「品質の高さ・製品の安さで利益を得、それを顧客、取引先、自社で３等分する。自社の利益はよい製品を開発するために再投資をし、顧客は製品を安く買えることで顧客の利益につながる。製品を顧客に大量に売れれば、原材料を多くに仕入れることになり、取引先の利益になる。さらに利益を株主に配当、従業員の給料を上げることで従業員の利益になる。事業で得た利益の数十％は税金となって社会の利益になり、回り回って自社の利益になる。」というものである。すなわち欧米の株主資本主義ではなく、利益を顧客、自社、仕入れ先、株主、社会で享受するステークホルダー資本主義といえる。

図3.1にYKKのマネジメントモデルを示し、以下に解説する。

(1) 経営理念・ビジョン・行動指針

YKKでは、経営理念に善の循環を上げている。これは品質の高さ、製品の安さで顧客を満足させ、そこで得た利益が税金として社会の利益、残りは自社の利益になるという、ステークホルダー資本主義ともいえる。また日本のマネジメントの古典である、近江商人の「三方よし」の精神と同じである[2]。

(2) 戦略

創業時は商社だったためか、基本は市場開拓戦略であり、ファスナーの製造も手掛けるうちに製造・販売を一貫して実施するマネジメントモデルに代わっていった。後にアルミサッシ事業を手掛けるようになり事業の多角化戦略をとるようになった。

(3) マーケティング

創業時から、国内だけでなく海外マーケットを対象に事業を行っていた。地域統括会社と海外事業会社中心に、性能・機能対応、バリエーション対応、コスト対応などすべての階層の顧客に向けてビジネスを展開している。

<table>
<tr><th>調達</th><th>戦略</th><th>経営理念・ビジョン・行動指針</th><th>モノづくり</th><th>情報</th></tr>
<tr><td rowspan="3">ファスニング事業では、サプライチェーン全体でCSR調達を推進し、原材料から商品に至る全工程を通じて「有害物質を含まない材料の調達」「適切な製造工程や労働環境で作られた物品の調達」</td><td>市場開拓戦略、多角化戦略(ファスナー事業、アルミサッシ事業)</td><td>善の循環：品質の高さ，製品の安さで顧客を満足させ、そこで得た利益が社会の利益、ひいては自分の利益になる。ステークホルダー資本主義</td><td>材料、製造機械を内製化している</td><td>2007 年 70 カ国に標準システムを導入した YKK 世界のグループ会社を EDI で結ぶ　設備保全の情報の一元管理と共有化を目指しシステムを刷新している。</td></tr>
<tr><th>研究開発</th><th>人財</th><th colspan="2">組織</th></tr>
<tr><td>材料技術、製品技術、製造技術。日本を中心に世界 6 拠点</td><td>特にグローバル人財について日本人を現地に骨を埋める覚悟で、長期間送り出す</td><td colspan="2">地域統括会社、海外事業会社</td></tr>
<tr><th colspan="2">マーケティング</th><th colspan="2">財務</th><th>SDGs</th></tr>
<tr><td colspan="2">性能・機能対応、バリエーション対応、コスト対応などすべての階層の顧客を対象とする</td><td colspan="2">給与、賞与から持ち株への転換。株式非公開</td><td>持続可能性目標「YKK サステナビリティビジョン 2050」</td></tr>
</table>

図 3.1　YKK のマネジメントモデル

(4)　財務

社員の給与、賞与から持ち株への転換を推奨し、従業員に自分の会社との意識をもたせている。独自の経営を貫くこと、適正な利益を上げていればきちんと銀行から借り入れができるという創業者の信念から、株式は非公開を貫いている。財務の業績はホームページから閲覧することができる。

(5)　組織

地域統括会社、海外事業会社および国内の本部制の組織で成り立っている。2023年4月1日現在、国内の本部は戦略事業、営業、製造・技術、管理本部などからなっており、通常の職能別組織の形態で本部制をとっている。事業会社は、国内・海外に分かれており、本社のガバナンスがどのくらい効いているかはわからない。2023年度の売上高当期純利益率4.2％から判断すると、あまりきつくなく、普通のガバナンスではないかと考えられる。

(6)　人財

現地のニーズをしっかり把握してビジネスを展開するには、数年単位の出向では難しい、とYKKは考えている。特にグローバル人財に関しては、現地に骨を埋めてもらうくらいの姿勢で、長期間送り出すという。

(7)　モノづくり

材料、製造機械も内製する生産技術力をもっている。モノづくりの付加価値を最大にするために、このような組織能力を持っていることが、YKKのマネジメントモデルの一つの特徴である。

(8)　研究・開発

材料技術、製品技術、製造技術について、日本を中心に世界6拠点で開発を行っている。

(9)　調達・物流

ファスニング事業では、サプライチェーン全体で社会的責任を果たすためにCSR調達を推進しており、原材料から商品に至る全工程を通じて「有害物質を含まない材料の調達」「適切な製造工程や労働環境で作られた物品の調達」に取り組んでいる。

(10)　情報

2007年、70カ国に標準システムを導入し、世界中のYKKグループ会社をEDI(Electronic Data Interchange：電子データ交換)で結んだ。さらに設備保全の情報の一元管理と共有化をめざしシステムを刷新している。このように、比較的早い時期から属人化から脱却し、組織で活用できる情報管理を実践し、生産性を向上させている。

(11)　SDGs

2020年10月13日、気候変動、材料資源、水資源、化学物質管理、人権に取り組む持続可能性目標「YKKサステナビリティビジョン2050」を策定している。

YKKが経営理念の「善の循環」を具体化するために実施している経営機能上の特徴を列挙する。

① マーケティングでは創業時からグローバル市場を対象に、ビジネスを展開している。

② モノづくりでは、材料、製造機械を内製化し、製品の付加価値を高め、利益を上げようとしている。

③ 情報システムはグローバル化に対応して、早い時期(2007年)から統合化が進んでいる[3]。

3.2　キーエンスの高収益型マネジメントモデル

キーエンスは1974年に設立された。2023年度は売上高922,422百万円、当期純利益362,964百万円であり、売上高純利益率39.3%は製造業では驚異的な数字である。なお、連結従業員数は10,580名、事業内容はセンサー、測定器、画像処理機器、制御・計測機器、研究・開発用 解析機器、ビジネス情報機器などの開発・製造・販売である[4]。

「最小の資本と人で、最大の付加価値を上げる」を経営理念の一つとして掲げ、1990年代から30年以上にわたって売上高営業利益率が平均40%を誇る日本の製造業としては最高レベルの業績を上げている。キーエンスにとっての価値創造の鍵は、「世の中にない商品」によって「顕在化していない潜在ニーズ」を発掘することにあるという。顧客が「こんなものが欲しかったんだ」と新たに気づき、本当に喜ぶものを提供することで、顧客の利益拡大に貢献している。

図3.2にキーエンスのマネジメントモデルを示し、解説する[5][6]。

(1)　経営理念・ビジョン・行動指針

「最小の資本と人で、最大の付加価値を上げる」を経営理念として、顧客の利益を最大化するソリューションを提供することによって、利益率の高い商品が提供でき、その収益によって研究・開発を促進することができる。さらに、雇用・賃金への貢献、社員の平均給与が2,000万円を超えるレベルまで、利益を社員に還元している。

(2)　戦略

営業と研究・開発に資源を集中した集中戦略をとっている。そのために、アップルと同じく、量産工場をもっていないファブレス型である。ただし、生産技術力に関しては、試作工場で技術を磨いている。

(3)　マーケティング

複数の顧客の機能価値、意味的価値の最大をねらっている。直販営業部隊が主力で、顧客対応を決して代理店任せにしていない。

(4)　財務

売上総利益(売上高の82%)を大きくして、研究開発に投資を多くしているとともに、社員の平均給与が2,000万円を超えるほど、従業員への給与の還元も大きい。

(5)　組織

製品別に9事業部からなる事業部制をとっている。センサー事業部、制御システム事業部、アプリセンサ事業部、精密測定事業部、マイクロスコープ事業部、メトロロジ事業部、自動認識事業部、マーキング事業部、画像システム事業部である。国内営業所は東日本20カ所、西日本18カ所で、子会社・関連会

<table>
<tr><th>調達</th><th>戦略</th><th>経営理念・ビジョン・行動指針</th><th>モノづくり</th><th>情報</th></tr>
<tr><td rowspan="3">高槻に製品・部品の倉庫があり、製品の出荷、補修部品の払い出しが、翌日出荷となる。調達も本社機能にある。</td><td>営業と研究・開発に資源を集中した集中戦略をとっている。</td><td>最小の資本と人で、最大の付加価値を上げる。顧客の利益を最大化する。</td><td>量産試作工場はあるが、量産は協力会社に依頼している。ほぼファブレスといってよい。</td><td>情報システムの詳細は不明だが、営業マンの電話回数などをリアルタイム処理をしている。高度な IoT システムをもっている。</td></tr>
<tr><th>研究開発</th><th>人財</th><th colspan="2">組織</th></tr>
<tr><td>商品企画、商品開発が一体となって、意味的価値、機能的価値を実現する開発体制を持っている。</td><td>組織のしくみが効率的だけでなく、個人の能力も高い。商品のプレゼン力向上のため、徹底的にロールプレイで営業マンを鍛えている。</td><td colspan="2">基本は事業部制で、9つの事業部で構成されている。センサ事業部、制御システム事業部、アプリセンサ事業部、精密測定事業部、マイクロスコープ事業部、メトロロジ事業部、自動認識事業部、マーキング事業部、画像システム事業部</td></tr>
<tr><th colspan="2">マーケティング</th><th colspan="2">財務</th><th>SDGs</th></tr>
<tr><td colspan="2">直販営業部隊が主力で、顧客対応を決して代理店任せにしない。</td><td colspan="2">売上総利益(売上高の 82%)を大きくして、研究開発に投資を多くしている。社員の平均給与が 2000 万円を超えるほど、従業員への給与の還元も大きい。</td><td>「社会に貢献する人材の育成に寄与すること」をために「公益財団法人キーエンス財団」を設立。
　これからの世の中は目まぐるしく変化するものと思われる。技術革新や急速なグローバル化の中で、日本の将来をしっかりと見据えて牽引してくれるのは、未来を担う若者である。具体的には、国内の大学生 2,600 名(2024 年度)を対象に給付型奨学金を提供。</td></tr>
</table>

図 3.2　キーエンスのマネジメントモデル

社 25 社である。

さらに横の連携をとりやすくする全員参加型組織を構成している。経営企画部門はなく、中長期経営計画を作成していない。

(6)　人財

組織のしくみが効率的であるだけでなく、個人の能力も高い。具体的には営業マンがソフトウェアの改良ができる。営業は、顧客の接待、飛び込み営業が禁止されており、その分商品のプレゼン力向上のため、徹底的なロールプレイで営業マンを鍛えている。

(7)　研究・開発

商品企画、商品開発が一体となって、意味的価値(商品の使い勝手など)、機能的価値(高性能など)を実現する。生産技術機能は本社にある。

(8)　モノづくり

量産試作工場はあるが、量産は協力会社に依頼している。ほぼファブレスといってよい。

(9)　調達・物流

大阪府高槻市に製品・部品の倉庫があり、製品の出荷、補修部品の払い出しが、翌日出荷となる。調達も本社機能にある。

(10)　情報

情報システムの詳細は不明だが、営業マンの電話回数などをリアルタイム処理している。高度な IoT システムをもっていると考えられる。

(11)　SDGs

「社会に貢献する人材の育成に寄与すること」を目的として、2018 年に「公益財団法人キーエンス財団」を設立している。具体的には、国内の大学生 2,600 名(2024 年度)を対象に給付型奨学金の提供を行っている。

キーエンスのマネジメントモデルの特徴は、キーエンスの経営理念と照らし合わせて、経営上ムダと考えられることは一切そぎ落とし、それらをすべて顧客価値の創造に向けていることである。その内容を列挙する。

①　中長期経営計画を立てない

企業では経営の見通しを立てるために、中長期経営計画を立てるのが一般的である。しかし、キーエンスでは、市場は絶えず変化しており、顧客の要求も絶えず変わっていることを前提に、次のように考えている。顧客の要求を的確に捉え、それらに追随して製品・サービスを改良していれば、自ずと収益を上げられるという考え方で組織を運営しており、中長期計画がなくても実績を上げ続けている。

②　代理店販売をしない

顧客の要求をとらえるのは営業の最前線である。キーエンスは、人任せ(代理店)にしては本当の要求(潜在する顧客のニーズ)を探索することはできず、しかも、粗利のかなりの割合を代理店に支払うことになると考えている。これを徹底するため、キーエンスでは従業員の半分(約 5,000 人)は営業部隊にしていると考えられる。国内営業所の数だけでも 39 カ所ある。直販営業スタイルは、海外市場でも同じである。

③　商品企画、商品開発、販売促進部隊が連携して動く

営業がつかんできた 1 社 1 社の顧客のニーズについて、商品企画では数十社分をまとめ、かつ潜在するニーズをまとめて商品企画案にしている。その時点では商品開発、販売促進も入るので開発の難易度、売るための販売促進方法、高い原価目標(販売価格の 20%が目標)の実現可能性を徹底して検討する。場合によっては他事業部の部隊の情報(顧客、開発など)、応援を得ることもある。**第 8 章**で詳細を解説するが、このようなやり方をマス・カスタマイゼーションという。

④　量産工場をもたない

キーエンスの製品は、協力会社が生産している。大阪府高槻市にある工場は試作工場である。営業部隊が自前であるので、工場も自前で備えれば、大きな資産が必要となる。経営理念の「最小の資本と人で最大の利益を上げる」から見ると、工場を持つためには大きな負債や資本が必要となる。ここまで割り切る例は、製造業ではあまり見られない。アメリカの Apple もこのファブレス

型の形態をとっているが、Apple は経営危機のときに、創業者のスティーブ・ジョブズが経営復帰した際の大胆なリストラの一環で行ったものであり、キーエンスのように創業時から続けているわけではない。製造プロセスのスマイルカーブ(製造プロセスで、付加価値が高いのは開発やアフターサービスで、製造は付加価値が低いとする説)という考え方があるが、スマイルカーブに合った付加価値の高いプロセスに集中投資する合理的なマネジメントモデルであるといえる。

⑤ 製品の即納体制を築く

「顧客の利益を最大化する」をうたっているキーエンスは、顧客からの注文に即納できるように高槻市に巨大な物流倉庫をもっている。これは、製品の故障などによる顧客のライン停止の際にも威力を発揮する。代替品を即納することで顧客のライン停止を極力を抑えることができる。莫大な在庫を抱えることにはなるが、量産工場をもたない代わりに物流センターをもつことは、スマイルカーブに合わせたマネジメントモデルといえる。

3.3 ネスレの M&A 型グローバルマネジメントモデル

ネスレは、スイスのヴヴェに本社を置く世界最大の食品・飲料会社である。ミネラルウォーター、ベビーフード、コーヒー、乳製品、アイスクリームなど多くの製品を取り扱っている[7]。

ネスレは 1866 年に設立された。創業者で薬剤師のアンリ・ネスレは、母乳で育つことのできない新生児のためにベビーフードを開発し、その後、ミルク、チョコレートと事業を拡大していった。

ネスレの概要は、売上高 947.8 億スイスフラン(2022 年度、約 161,259 億円)、当期純利益 92.7 億スイスフラン(2022 年度、約 15,772 億円)、従業員数 27 万 5 千人(2024 年 1 月)である[8]。

ネスレのマネジメントモデルを**図 3.3** に示す。

<table>
<tr><th>調達</th><th>戦略</th><th>経営理念・ビジョン・行動指針</th><th>モノづくり</th><th>情報</th></tr>
<tr><td rowspan="3">自社の『責任ある調達基準』に準じて、原材料の産地や生産方法を確実に把握したいと考えている。14の原材料については、直接サプライヤーやパートナーと密接に連携し、サプライチェーンのマッピングを行い、パートナー組織とともにサプライチェーンの上流にある農園の評価を実施している。</td><td>食品・健康に絞ったM&Aによる多角化。</td><td>食の持つ力で、現在そしてこれからの世代のすべての人々の生活の質を高めていく。</td><td>基本は、マーケットの近くで製造する</td><td>グローバル統一システムを構築し、月次で把握しているのは、商品別、事業別、地域別の売上高や利益、費用のほか、予算と実績の差異分析や最終的な損益予想に関する世界の状況である。</td></tr>
<tr><td>研究開発</td><td>人財</td><td colspan="2">組織</td></tr>
<tr><td>本社に研究、地域へ開発と権限の委譲。</td><td>①年間業績評価(目標達成度)　②タレント評価(継続的なパフォーマンス)③後継者計画(全管理職ポジションにおける後継者計画)④育成プラン(強みと育成すべき点)</td><td colspan="2">従業員32万3000人(2017年)、工場85か国413、販売国189か国、基礎研究所3カ所、R&Dセンター38カ所。事業と市場によるマトリックス経営体制。買収企業が自律的に経営できるための分権組織。</td></tr>
<tr><td colspan="2">マーケティング</td><td colspan="2">財務</td><td>SDGs</td></tr>
<tr><td colspan="2">グローバルブランド、リージョナルブランド、ローカルブランドの3つのブランドに分けたブランド戦略。</td><td colspan="2">グループ全体でIFRS(国際会計基準)を基準にしている。その上でグローバルに統一した情報システムを整備した。</td><td>調達する原材料、包装資材やサービスが自社の『責任ある調達基準』に準じている。</td></tr>
</table>

図3.3　ネスレのマネジメントモデル

(1)　経営理念・ビジョン・行動指針

「食の持つ力で、現在そしてこれからの世代のすべての人々の生活の質を高めていきます」が ネスレのパーパス(存在意義)である。「創業の精神を受け継ぎ、栄養を中心としたネスレの価値観に導かれ、食の持つ力で、現在そしてこれからの世代のすべての人々の生活の質を高める製品、サービス、知識を個人と家族の皆さまにお届けするためにパートナーとともに取り組む」がネスレの経営理念である。

(2)　戦略

食品・健康に絞った M&A による多角化戦略をとっている。

(3)　マーケティング

グローバルブランド、リージョナルブランド、ローカルブランドの３つのブランドに分けたブランド戦略をとっている。グローバルブランドとしては、例えば、コーヒーのネスカフェ、チョコレートのキットカット、ミネラルウォーターのペリエなどが有名である。

(4)　財務

グループ全体で IFRS(国際会計基準)を基準にしている。その上でグローバルに統一した情報システムを整備している。

(5)　組織

従業員 32 万 3,000 人(2017 年)、工場 85 カ国 413 カ所、販売国 189 カ国、基礎研究所 3 カ所、R&D センター 38 カ所の体制であり、事業と市場によるマトリックス経営体制をとっている。また、買収した企業が自律的に経営できるように分権組織で運営している。

(6)　人財

①年間業績評価(目標達成度)、②タレント評価(継続的なパフォーマンス)、③後継者計画(全管理職ポジションにおける後継者計画)、④育成プラン(強みと育成すべき点)の 4 つで運営している。

(7)　研究・開発

本社に研究、地域に開発と権限を委譲している。

(8) モノづくり

基本は、マーケットの近くで製造している。

(9) 調達

ネスレは自社の「責任ある調達基準」に準じて、原材料の産地や生産方法を確実に把握している。ネスレは、より高い環境および/また社会的リスクをもたらす14の原材料を特定し、これらの原材料については、直接サプライヤーやパートナーと密接に連携し、サプライチェーンのマッピングを行い、パートナー組織とともにサプライチェーンの上流にある農園の評価を実施している。ネスレは、2030年までにこれらの主要原材料の100%が持続可能な方法で生産されることをめざしている。

(10) 情報

グローバル統一システムを構築している。ネスレが月次で把握しているのは、商品別、事業別、地域別の売上高や利益、費用のほか、予算と実績の差異分析や最終的な損益予想に関する世界の状況である。同一の数値に基づいて財務諸表と社内管理を実施しており、ここまで情報をオープンにできており、不正が起きにくい企業風土になっている。月次決算や予測の基礎となるデータは、ほぼリアルタイムで収集している。これは、グローバル経営の「理想」ともいえる。

ネスレはグローバル統一システム「GLOBE(グローバル・ビジネス・エクセレンス)」を用いている。会計や販売、SCM(サプライチェーンマネジメント)、人事といった業務アプリケーションに加え、勘定科目や顧客、製品のマスターデータを世界で統一している。ネスレはGLOBEの導入を決断する12年前1989年に、グループの会計基準としてIFRSを採用した。ネスレがGLOBEの構築プロジェクトに着手したのは2001年である。その後、業務プロセスの標準化やシステムの開発を経て、ネスレ日本がGLOBEを導入したのは2007年である。IFRSをより生かした経営に転換するには、どうすればよいか。IFRSの適用から12年後に出した答えがGLOBEの構築であった。

(11) SDGs

持続可能な調達に向けたネスレのアプローチについて、ネスレのSustainable Sourcing team(持続可能な調達チーム)は、調達する原材料、包装資材やサービスが自社の『責任ある調達基準』に準じて生産されている。ネスレの取組みは、人権や動物福祉の保護や促進、また原材料調達に不可欠な森林や自然生態系の保護、回復を目的としている。

これらのマネジメントモデルを要約すると次のようになる。

① 食品に絞った多角化戦略

もともとはミルクをベースとしたベビーフードの企業で創業したネスレは、コーヒー、チョコレート、ミネラルウォーターなど食料品を中心に、M&Aによって事業規模を拡大し、世界的なグローバル企業になった。コーヒーのネスカフェ、チョコレートのキットカット、ミネラルウォーターのペリエなどグローバルブランドをいくつももっている。

② 買収企業が自律的に経営できる分権体制

食品事業は、マーケットと製造が近くかつ市場の変化が速い。したがって、中央集権的な経営体制は合わないため、買収した企業には買収以前の経営体制を保持しつつ、運営を任せている。

③ グローバル統一システムの構築と運営

ネスレはグローバルで統一したシステムGLOBEで、リアルタイムでマネジメント情報を収集し、更新している。統一会計基準IFRSで分権化した子会社、現地法人など月次決算ができるので、マネジメント状況がグローバルで把握できるようになっている[9]。

3.4 ジョンソン・エンド・ジョンソンのクレド型マネジメントモデル

ジョンソン・エンド・ジョンソンは、アメリカ合衆国ニュージャージー州ニューブランズウィックに本社を置く、製薬、医療機器その他のヘルスケア関連製品を取り扱う多国籍企業である[10][11]。

ジョンソン・エンド・ジョンソンは1886年に創業し、それ以来、人々の健康と幸せを変える新しい考えや製品を世界中で提供している。家庭用のバンドエイドや綿棒、ベビーオイルから医療機関で使用する医療機器、薬剤、薬、コンタクトレンズのアキュビューなどを製造販売している。一般企業の社訓にあたる「Our Credo(我が信条)」が有名であり、年10%成長を50年以上続けている[12]。

2023年1月期(連)で、売上高は94,943,000千ドル(約13,728,758百万円)であり、当期利益は17,941,000千ドル(約2,594,269百万円)、従業員数152,700人である[13]。

ジョンソン・エンド・ジョンソンのマネジメントモデルを**図3.4**に示す。

(1)　経営理念・ビジョン・行動指針

ジョンソン・エンド・ジョンソンはパーパスをクレドと称して、全従業員に徹底的に浸透させている。「我々の第一の責任は、顧客、第二の責任は従業員、第三の責任は社会、第四の責任は株主に対して規定している」としている。

(2)　戦略

M&Aを中心とする多角化戦略だが、それにCEOが直接かかわる。そのため長期間を必要とする戦略が多く、CEOのは任期が10年以上になることがある。

(3)　マーケティング

ジョンソン・エンド・ジョンソンのクレドを引用する。

「クレド1：我々の第一の責任は、我々の製品およびサービスを使用してくれる患者、医師、看護師、そして母親、父親をはじめとする、すべての顧客に対するものであると確信する。顧客一人ひとりのニーズに応えるにあたり、我々の行なうすべての活動は質的に高い水準のものでなければならない。我々は価値を提供し、製品原価を引き下げ、適正な価格を維持するよう常に努力をしなければならない。顧客からの注文には、迅速、かつ正確に応えなければならない。我々のビジネスパートナーには、適正な利益をあげる機会を提供しな

<table>
<tr><th>調達</th><th>戦略</th><th>経営理念・ビジョン・行動指針</th><th>モノづくり</th><th>情報</th></tr>
<tr><td rowspan="3">調達方針
①適用法と規制を遵守する。②倫理的かつ誠実に行動する。③クオリティーの高い商品とサービスを提供し、ビジネスプロセスにクオリティーを組み込む。④環境の持続可能性を支持し、環境への影響を低減する仕方で操業する。⑤人権と労働者の権利。</td><td>M&A を中心とする多角化戦略だが、CEO が直接かかわる。長期間かかるため、CEO は任期 10 年以上になる。</td><td>クレド　全従業員に徹底的に浸透させている。我々の第一の責任は、顧客、第二の責任は従業員、第三の責任は社会、第四の責任は株主にあると規定している。</td><td>ビジネス史上最も優れた危機対応を実現。ジョンソン・エンド・ジョンソン「タイレノール事件」。</td><td>サプライチェーン最適化の成果を最大化するために、Databricks と契約してリソースを拡大し、データ分析と機械学習に効果的な共通データの取り込みレイヤーを展開した。</td></tr>
<tr><td>研究開発</td><td>人財</td><td colspan="2">組織</td></tr>
<tr><td>グローバルネットワーク及びオープンイノベーション。</td><td>クレド２：我々の第二の責任は、世界中で共に働く全社員に対するものである。社員一人ひとりが個人として尊重され、受け入れられる職場環境を提供しなければならない。</td><td colspan="2">コンシュマー部門、メディカルディバス部門、医薬品部門の３つのファミリーカンパニーからなる。</td></tr>
<tr><td colspan="2">マーケティング</td><td colspan="2">財務</td><td>SDGs</td></tr>
<tr><td colspan="2">クレド１：全従業員に徹底的に浸透させている。我々の第一の責任は、我々の製品およびサービスを使用してくれる患者、医師、看護師、そして母親、父親をはじめとする、すべての顧客に対するものであると確信する。</td><td colspan="2">クレド４：我々の第四の、そして最後の責任は、会社の株主に対するものである。事業は健全な利益を生まなければならない。我々は新しい考えを試みなければならない。研究開発は継続され、革新的な企画は開発され、将来に向けた投資がなされ、失敗は償わなければならない。</td><td>クレド３：我々の第三の責任は、我々が生活し、働いている地域社会、更には全世界の共同社会に対するものである。</td></tr>
</table>

図 3.4　ジョンソン・エンド・ジョンソンのマネジメントモデル

ければならない。」[14]

このように、マーケティングに関して、特に顧客に対して果たすべき責任をクレドとして明確に定め、従業員、管理者、経営者を含めて徹底している。

(4) 財務

ジョンソン・エンド・ジョンソンのクレドを引用する。

「クレド4：我々の第四の、そして最後の責任は、会社の株主に対するものである。事業は健全な利益を生まなければならない。我々は新しい考えを試みなければならない。研究開発は継続され、革新的な企画は開発され、将来に向けた投資がなされ、失敗は償わなければならない。新しい設備を購入し、新しい施設を整備し、新しい製品を市場に導入しなければならない。逆境の時に備えて蓄積を行なわなければならない。これらすべての原則が実行されてはじめて、株主は正当な報酬を享受することができると確信する。」

このように、事業の継続の仕方をクレドとして規定し、その結果によって株主に報いることを定めている。

(5) 組織

コンシューマー部門、メディカルディバス部門、医薬品部門の３つのファミリーカンパニーからなる

(6) 人財

ジョンソン・エンド・ジョンソンのクレドを引用する。

「クレド2：我々の第二の責任は、世界中で共に働く全社員に対するものである。社員一人ひとりが個人として尊重され、受け入れられる職場環境を提供しなければならない。社員の多様性と尊厳が尊重され、その価値が認められなければならない。社員は安心して仕事に従事できなければならず、仕事を通して目的意識と達成感を得られなければならない。待遇は公正かつ適切でなければならず、働く環境は清潔で、整理整頓され、かつ安全でなければならない。社員の健康と幸福を支援し、社員が家族に対する責任および個人としての責任を果たすことができるよう、配慮しなければならない。社員の提案、苦情が自由にできる環境でなければならない。能力ある人々には、雇用、能力開発およ

び昇進の機会が平等に与えられなければならない。我々は卓越した能力を持つリーダーを任命しなければならない。そして、その行動は公正、かつ道義にかなったものでなければならない。」

以上のように、全社員の果たすべき責任をクレドとして具体的に定めている。

(7)　モノづくり

ビジネス史上最も優れた危機対応を実現したといわれている「タイレノール事件」がある。詳しい内容は後述する。

(8)　研究・開発

グローバルネットワークを活用し、オープン・イノベーションで研究・開発をしている。

(9)　調達

ジョンソン・エンド・ジョンソンでは調達方針を次のように定めている。

①　適用法と規制を遵守する。

②　倫理的かつ誠実に行動する。

③　クオリティーの高い商品とサービスを提供し、ビジネスプロセスにクオリティーを組み込む。

④　環境の持続可能性を支持し、環境への影響を低減する仕方で操業する。

⑤　人権と労働者の権利(すべての労働者の安全、健康、福祉など)を尊重する。

(10)　情報

高確度なヘルスケアソリューションの提供が可能にし、サプライチェーン最適化の成果を最大化するために、Databricks と契約してリソースを拡大し、データ分析と機械学習に効果的な共通データの取り込みレイヤーを展開している。エンジニアリングと AI 部門が戦略的かつ意図的に連携することで、システムが完全に最適化され、優れた処理能力が実現している[15]。

(11)　SDGs

ジョンソン・エンド・ジョンソンのクレドを引用する。

「クレド３：我々の第三の責任は、我々が生活し、働いている地域社会、更には全世界の共同社会に対するものである。世界中のより多くの場所で、ヘルスケアを身近で充実したものにし、人々がより健康でいられるよう支援しなければならない。我々は良き市民として、有益な社会事業および福祉に貢献し、健康の増進、教育の改善に寄与し、適切な租税を負担しなければならない。我々が使用する施設を常に良好な状態に保ち、環境と資源の保護に努めなければならない。」

以上のように、社会に対する責任を定め、全社員で実行している。

ジョンソン・エンド・ジョンソンのマネジメントモデルの特徴は以下のとおりである。

①　クレドに経営理念、行動指針まで表現している

1943年、3代目のCEOジェネラル・ジョンソンが経営信条として表した4つのクレドが、多少の修正はあるが今日まで受け継がれている。クレドは、顧客、従業員、地域社会、株主の4つのステークホルダーに向けたものである。

内容としては、マネジメント活動全般にわたってかなり具体的に書いてあり、ステークホルダーに対して、ジョンソン・エンド・ジョンソンが果たすべき責任・役割を規定している。原文の英文ではmustを使い、「…しなければならない」と表現している。

②　クレドの実践

タイレノール事件は、1982年9月30日に発生した。ジョンソン・エンド・ジョンソンで製造・販売した頭痛鎮痛薬タイレノールを服用したシカゴ周辺の患者が次々と突然死した。毒物などの異物混入が疑われたが、当時のCEOのジェームズ・バーク氏は、すぐにマスコミを通して「アメリカの消費者にタイレノールを一切服用しないこと」という旨の警告を発信し、自主的に商品の回収を行った。

ジョンソン・エンド・ジョンソンは重要な情報を包み隠さず発信し続け、マスコミからの厳しい追及を受けても決して委縮せず、常に誠意ある対応を取り続けた。

「タイレノール事件」の発生後、ジョンソン・エンド・ジョンソンは今までにないタイレノールの新パッケージの開発に着手した。異物混入を防ぐために作られた「3層密封構造」と呼ばれる特殊な形状のパッケージで、革新的な仕組みであった。

「タイレノール事件」が発生してしまった原因が、本当に毒物などの異物混入だったのかは今でも明らかになっていない。しかし、このとき同社がとった迅速な対応は、後に「ビジネス史上最も優れた危機対応」と称され、現在では経営者向けのケーススタディとして世界各国で取り上げられるまでになった[16]。

すなわち、クレド3の「…世界中のより多くの場所で、ヘルスケアを身近で充実したものにし、人々がより健康でいられるよう支援しなければならない。我々は良き市民として、有益な社会事業および福祉に貢献し、健康の増進、教育の改善に寄与し…」に則った行動といえる。

③　クレドの徹底と人財育成

ジョンソン・エンド・ジョンソンでは、毎年、全世界13万人の従業員にクレドに関する78個の質問に対して5段階で評価するクレドサーベィを実施している。その目的は、今の経営に対して、従業員がどの程度肯定的かを共有しながら組織を改善していくためである。

3.5　日立製作所の自律分散型マネジメントモデル

日立製作所は世界有数の総合電機メーカーであり、創業は1910年である。事業の概要は、IT、エネルギー、インダストリー、モビリティ、ライフ、オートモティブシステム、その他の部門から構成されている。2023年3月期の売上高は連結で10,881,150百万円、純利益は連結で649,124百万円、従業員数は連結で322,525人である[17]。

日立製作所は、2008年に売上10兆3億円、最終損益マイナス7,838億円と過去最大の赤字を記録した。そこから全社を挙げて事業の再編に取り組み、現在はV字回復している[18]。

日立製作所のマネジメントモデルは**図3.5**のとおりである。

(1)　経営理念・ビジョン・行動指針

日立製作所の経営理念は、「優れた自主技術・製品の開発を通じて社会に貢献する：であり、創業の精神は、「和・誠・開拓精神」である[19]。

(2)　戦略

自律分散型グローバル戦略をとっている。グローバル環境下では、迅速な意思決定が求められるため、自律分散型でマネジメントしている。さらに、事業と顧客をつなぐ共通プラットフォームlumadaを構築し、運営することで顧客価値を創造している。

(3)　マーケティング

日立製作所は、長らく明確なマーケティング部門とが存在せず、各部門内のプロモーションに関わる部隊がそれぞれに取り組んでいた。2018年にデジタル・マーケティング・チームを立ち上げ、広報・宣伝からプロモーション、セールスまでのマーケティングプロセスを「点」から「線」へつなげる活動に注力していった。さらに、営業部門がデータを簡単に理解できるダッシュボードの開発など、現場での実用性の高い情報の連携を推進している。

(4)　財務

事業部間のもたれあい意識の解消のため、営業利益率8%を事業存続・撤退の基準にし、「稼げる会社」への体質改善を行った[19]。

(5)　組織

どこかの事業部が不振でも他事業部が相殺してくれるカンパニー制を廃止し、BU制にして各ビジネスユニットをCEO直轄にしている。その一環で、日立情報システム社など5社を上場廃止にし、完全子会社化した。

(6)　人財

社会イノベーション事業を推進できる人財、現地マーケットを知る人財(国籍など多様な人財)など5つの人財像を明確にし、人財育成した。

<table>
<tr><th>調達</th><th>戦略</th><th>経営理念・ビジョン・行動指針</th><th>モノづくり</th><th>情報</th></tr>
<tr><td rowspan="3">「SENSE」「THINK」「ACT」の調達リスクマネジメントシステムの実行により、各事業ごとにサプライチェーン上のリスクを可視化・定量化、優先順位付けし、レジリエントなサプライチェーンの構築をめざす。</td><td>社会インフラ事業を中心とした多角化戦略。</td><td>理念：優れた自主技術・製品の開発を通じて社会に貢献する
創業の精神：和・誠・開拓精神。</td><td>クリーンエナジィ&モビリティ(エネルギー、原子力、電力、鉄道)など広範囲な事業、ビジネス、ソリューションを展開している。</td><td>全社と顧客をつなぐ共通プラットフォームlumadaを構築し運用する。ABBから獲得した高度なERPすなわちGBS(Global Business Service)に社内のITなどの管理業務を集約する。</td></tr>
<tr><th>研究開発</th><th>人財</th><th colspan="2">組織</th></tr>
<tr><td>技術戦略、デジタルサービス、サステナビリティ、基礎研究の4つの機能に分類している。</td><td>社会イノベーション事業を推進できる人財。現地マーケットを知る人財(国籍など多様な人財)。</td><td colspan="2">自律分散型グローバル経営体制。グローバル環境下では、迅速な意思決定がいる。したがって自律分散型になる。しかし、事業の重複が起きないように、共通プラットフォームlumadaが必要になる事業部間のもたれあいもたらす、カンパニー制を廃止し、BU制にし各ビジネスユニットをCEO直轄にする。その一環で、日立情報システムなど5社を上場廃止にし、完全子会社化する。</td></tr>
<tr><th colspan="2">マーケティング</th><th colspan="2">財務</th><th>SDGs</th></tr>
<tr><td colspan="2">2018年にデジタル・マーケティング・チームを立ち上げ、広報・宣伝からプロモーション、セールスまでのマーケティングプロセスを「点」から「線」へつなげる活動に注力してきた。</td><td colspan="2">事業部などのもたれあい意識の解消のため、営業利益率8%を下回る事業を廃止する。</td><td>「6：安全な水とトイレを世界中に」など5項目に事業を通じて注力している。</td></tr>
</table>

図 3.5　日立製作所のマネジメントモデル

(7)　モノづくり

① クリーンエナジィ＆モビリティ(エネルギー、原子力、電力、鉄道)

② コネクティブインダストリー(産業機器、ヘルスケア、ビルシステム、水・環境ビジネス、トータルシステムソリューションなど)

③ デジタルシステム(デジタルシステム、クラウドサービスプラットフォーム、デジタルエンジニアリング、金融、社会ビジネス)

など、広範囲な事業、ビジネス、ソリューションを展開している。

(8)　研究・開発

技術戦略、デジタルサービス、サステナビリティ、基礎研究の４つの機能に分類している。

(9)　調達

調達にリスクマネジメントシステムを導入することにより、事業ごとにサプライチェーン上のリスクを可視化・定量化し、リスクの発現を最小化し適切に対処できるレジリエントなサプライチェーンの構築をめざしている。具体的には、

① 調達リスクの検知・特定(自然災害、地政学リスク化か変動)

② 評価・分析(製造拠点・生産地)

③ 軽減・最適化(マルチソース化推進、標準化と汎用品の使いこなし)

の手順で具体化している。

(10)　情報

全社および顧客をつなぐ共通プラットフォームの lumada を構築し、運用している。ABB(Asia Brown Boveri：重電を中心としたスイスに本社を置く多国籍企業)から獲得した高度な ERP(Enterprise Resources Planning：企業全体の情報を一元管理するシステム)すなわち GBS(Global Business Service)に社内の IT などの管理業務を集約しつつある。

(11)　SDGs

SDGs の５つすなわち、「4　質の高い教育をみんなに」、「6　安全な水とトイレを世界中に」、「9　産業と技術革新の基盤をつくろう」、「11　住み続けら

れるまちづくり」、「13　気候変動に具体策を」に関して事業を通じて重点的に社会貢献している。

日立製作所のマネジメントの特徴は、大企業病(特に事業部間のもたれあい気質)になっていた組織を、果敢な事業再編によって短期間に蘇らせ、かつ将来に向けての成長軌道に乗せたことである。そのマネジメントの特徴を列挙する。

①　もたれあい意識の解消とCEOへの責任と権限の集中

売上高10兆円、連結従業員322,525人を誇るコングロマリットである日立製作所は、多くの子会社、多数の事業部、本部からなる巨大組織である。しかし、それゆえにCEOのガバナンスが効かず、ある組織の赤字を他の組織が補填してくれるというもたれあいの気質をもっていた。これを2009年から川村隆氏、中西宏明氏、東原敏昭氏と三代のCEOが立て直し、成長路線に乗せ、小島啓二氏に引き継がれている。特に東原氏はカンパニー制を廃止してBU制に変更することで、CEOに権限と責任を集中し大型のM&Aを何件も成功させている。具体的にはビジネスモデルの事業再編の章に解説している。

②　自律分散型マネジメント

売上高10兆円を超え、鉄道、エネルギー、ITなどさまざまな事業をグローバルに展開し、連結子会社が770社に及ぶ日立製作所にガバナンスを利かせるのは大変なことである。かつてはカンパニー制をとっていたが、事業の重複などが見られていた。そこで、前CEOの東原氏はBU(Business Unit)制をとり、権限と責任をCEOに集中した。さらに営業利益8%を目標に、これを超える事業は残すが、目標を達成できない事業は淘汰することを組織内に宣言している。このように各事業の自律性を重んじながら、財務体質を強固にする事業展開をしている[19]。

③　Lumadaによる顧客価値の創造

東原氏の著書によると、Lumada(Illuminate(照らす・解明する・輝かせる)とData(データ)を組み合わせた造語)は、「お客さまのデータから価値を創出し、デジタルイノベーションを加速するための日立の先進的な技術を活用したソリューション/サービス/テクノロジーの総称」である[20]。

具体例として、デンマークのコペンハーゲンメトロ向けの運行管理システムを挙げている。日立製作所が買収した会社が、車両と24時間自動運転システムを提供し、その後、日立製作所が保守・運用を続けている。コペンハーゲンメトロの課題に、閑散期と繁忙期の乗客数の差が激しく車両の運行本数が大きく変動することがあった。そこで、日立製作所は駅の各所に人感センサーを設置して混雑状況を把握し、混雑時には車両の運行間隔を短くし、閑散期には運行間隔を空ける運行管理システムを導入し成功した。これが日立製作所がめざす社会イノベーション事業の具体的な成功例である。

すなわち、Lumadaというプラットフォームに顧客が参加することで、日立製作所の総合力(製品、サービス、システム、運用ノウハウなど)で顧客価値を創造するものである。

3.6　トヨタ自動車の自己強化型マネジメントモデル

1937年創立のトヨタ自動車は、愛知県豊田市に本社を置く世界最大手の自動車メーカーである[21]。

トヨタ自動車の概要は、2023年3月31日現在、売上高37,154,298百万円、当期純利益2,451,318百万円、従業員数(連結)375,235人である[22]。

トヨタ自動車のマネジメントモデルは、**図3.6**のとおりである。

(1)　経営理念・ビジョン・行動指針

「トヨタの3本柱」は、

①　思想：トヨタは「みんなの幸せ」のために存在する。

②　技：TPS

③　所作：トヨタウェイ

である。詳細は、トヨタ自動車のホームページに譲るが、①思想について、

「「だれか」のために誠実に行動する

<table>
<tr><th>調達</th><th>戦略</th><th>経営理念・ビジョン・行動指針</th><th>モノづくり</th><th>情報</th></tr>
<tr><td rowspan="3">調達方針
①適用法と規制を遵守する。②倫理的かつ誠実に行動する。③クオリティーの高い商品とサービスを提供し、ビジネスプロセスにクオリティーを組み込む。④環境の持続可能性を支持し、環境への影響を低減する仕方で操業する。⑤人権と労働者の権利
SAP Ariba の導入。</td><td>グローバル市場で、ガソリン車、ハイブリッド車、水素エンジン、電気自動車等　自動車に関する全方位に対応する多角化戦略。</td><td>トヨタの３本柱　1．思想：トヨタは「みんなの幸せ」のために存在する。2．技：TPS　3．所作：トヨタウェイ
「だれか」のために誠実に行動する。</td><td>TQM、TPS を中心とした品質経営。</td><td>SAP 統合ソリューションを活用した革新的なモビリティソリューションの構築。
SAP Business Technology Platform を使用して IT システムを拡張し、同社のランドスケープ全体のプロセスを統合する。</td></tr>
<tr><th>研究開発</th><th>人財</th><th colspan="2">組織</th></tr>
<tr><td>①マスタードライバー制によるいいクルマづくり　②ウーブン・シティによる社会システムの中のクルマの存在　③水素エンジンによる脱炭素化。</td><td>トヨタの人材育成の理念は「モノづくりは人づくり」これは、優れた製品を生み出すには、前提として、従業員1人ひとりが優れた人間力や実行力を兼ね備えておく必要がある、という考えに基づいている。</td><td colspan="2">車種別(Lexus など)に５つカンパニー、Technology など 10 数個の本部をもっている。</td></tr>
<tr><th colspan="2">マーケティング</th><th colspan="2">財務</th><th>SDGs</th></tr>
<tr><td colspan="2">自動車業界のマーケティングや、自動車販売店を中心としたリテール領域にも強みのあるデルフィスで「1. お客様から最も信頼されるブランドづくり「2. デジタル社会の進展など、時代の変化を先取りした新たなマーケティングへの変革」更には「3. モビリティ社会でのビジネスへのチャレンジ」を追求できる体制へ。</td><td colspan="2">トヨタ自動車、全社共通の経理情報基盤に SAP S/4HANA および SAP HANA を導入。</td><td>トヨタが掲げるミッションは「幸せを量産すること」。幸せを量産するために、ひとの幸せについて深く考える。工夫と努力を惜しまない。常識と過去にとらわれない。</td></tr>
</table>

図 3.6　トヨタ自動車のマネジメントモデル

好奇心で動く
ものをよく観る　…仲間を信じる
「ありがとう」を声に出す」
とわかりやすい言葉で表現している。

(2)　戦略

グローバル市場で、ガソリン車、ハイブリッド車、水素エンジン、電気自動車等自動車に関する全方位に対応する多角化戦略をとっている。急速にEVに舵を切り、集中戦略をとったヨーロッパ、中国、アメリカの自動車会社は、大変苦戦している。これはEVの利点(CO_2が出ない、音が静か)に対して、弱点(車両価格が高い、重量が重い、充電時間が長い、電気料金が高い、寒冷地では電池の消耗が激しい、中古車価格が安いなど)が明らかになり、市場から敬遠されているためである。トヨタ自動車は市場の流れをじっくり見極め、EV投入のタイミングを計っている戦略が功を奏していると考えられる。

(3)　マーケティング

トヨタ自動車は、自動車業界のマーケティングや自動車販売店を中心としたリテール領域にも強みのあるデルフィス社を、100%子会社として再編成している。これは広告代理店という枠組みを超え、

① お客様から最も信頼されるブランドづくりに向けた新たなコミュニケーションの革新
② デジタル社会の進展など、時代の変化を先取りした新たなマーケティングへの変革
③ モビリティ社会でのビジネスへのチャレンジ

を追求できる体制へと変更をねらっている。さらに、国内外のマーケティング・ビジネスの電通とともに、統合マーケティング・コミュニケーションやデジタル領域の知見・ノウハウを活かし、スピーディーな変革をめざしている。特に顧客価値を創造するためには、小売の現場で、顧客と直接触れ合うことが重要である。対面でのコミュニケーションで、言葉だけでなく表情や空気感を五感で捉えたうえで、デジタルマーケティングの世界にこれらの情報やデータ

を引き込むことが重要である。

(4)　財務

2018年、トヨタ自動車は全社共通の経理情報基盤にSAP S/4HANA(ERPメーカーのSAPが開発した、データをメモリに保存するマルチモデルデータベース)およびSAP HANAを導入した。これはグローバル拠点の財務データを統一してマネジメントするとともに、会計基準を統一して迅速に経営判断をできるようにしている。

(5)　組織

車種別(Lexusなど)に5つのカンパニー、Technologyなど十数の本部で構成されている。2023年度決算数字を見ても、この組織による経営体制は、うまくいっていると考えられる。しかし、2023年度にグループ会社ではさまざまな品質不正が発生している。今後はこれらのガバナンスをどう効かせるかが課題となる。

(6)　人財

トヨタ自動車の人材育成の理念は「モノづくりは人づくり」である。優れた製品を生み出すには、従業員一人ひとりが優れた人間力や実行力を兼ね備えておく必要があるという考えである。トヨタの人材育成における基本的な考え方は、①仕事を通じた自己成長の促進、②従業員の能力向上、③中長期的な視点からの人材育成、④OJTの重視である。

2019年にデミング大賞を受賞したトヨタ自動車九州では、組織能力の中心にある人財について、人間力、現場力、技術力が重要であると考えている。人間力は基本的なマナー、仕事に対する意欲を指す。また現場力は、個人が集団となった組織としてのパフォーマンスが上がる所作を鍛える。技術力は、仕事に応じた専門的な知識を備える。これら3つの能力を踏まえて、人財の最適な配置を考えている。

(7)　モノづくり

TQM、TPSを中心とした品質経営を実践している。トヨタ自動車を中心として、グループ会社17社のほとんどが、デミング賞もしくはデミング大賞を受賞している。また、トヨタ自動車はTQM活動をデミング賞受賞から数十年たっても続けている。

(8)　研究・開発

①　マスタードライバー制によるいいクルマづくり

②　ウーブン・シティによる社会システムの中のクルマの存在

③　水素エンジンによる脱炭素化

トヨタ自動車はこれらの3本柱を中心に、研究開発を進めている。同社のホームページに詳しく掲載されているが、国内外に数十カ所の研究・開発拠点をもっている。

(9)　調達

2022年、トヨタ自動車はSAPのクラウド調達・購買管理システムの「SAP® Ariba®」を採用した。ねらいは、法規制対応などの新規要件発生時に都度システム改修を必要としないこと、また、紙および手作業をデジタル化することで、おける業務の効率化、ペーパーレス化を実現することである。

(10)　情報

2018年、トヨタ自動車はSAP統合ソリューションを活用した革新的なモビリティ・ソリューションを構築した。財務では欧州SAPの最新の統合基幹業務システム(ERP)パッケージ「SAP S/4HANA」を導入した。さらに現在と未来の自動車市場のニーズに対応するために、SAP Business Technology Platformを使用してITシステムを拡張し、同社のランドスケープ全体のプロセスを統合する。

(11)　SDGs

トヨタ自動車のSDGsの取組みで、「私たちは、幸せを量産する」と述べている[23]。SDGsの取組みとしては、以下のようなものが挙げられる。

①　地球環境への取組み

「内燃機関でも脱炭素へ。技術と知恵を結集させた「水素エンジン開発」、「知恵でカイゼン！電気を使わず工場が動く、驚きの「からくり」」、「自然との共生に向けて。里山でトンボやカエルを守る仕事「トヨタの森」」などの取組みを実施している。

②　幸せに暮らせる社会への取組み

「ヒト中心の街づくりで、社会課題解決へ」として「実証実験の街「Woven City」」に年間8,000億円を投資したり、一過性ではない「東北の復興支援」や、「トヨタ生産方式で、町に安心を」として、「トヨタの消毒スタンド」などの取組みを実施している。

③　働く人への取組み

多様性が織りなすイノベーションをめざす「Woven Planet Holdings」、企業の一体感向上・従業員の意欲喚起・よき企業人の育成、また地域社会への貢献などを目的とした「アスリート支援」、「モノづくりは、人づくり」のもとに「トヨタ工業学園」の運営を行っている。

トヨタ自動車のマネジメントモデルの特徴を以下にまとめる。

①　経営理念・行動指針の組織への徹底

「トヨタの３本柱」、

・思想：トヨタは「みんなの幸せ」のために存在する。

・技：TPS

・所作：トヨタウェイ

について、このシンプルな思想、技、所作が従業員の末端まで徹底していることが特徴である。

②　人間性の尊重

トヨタの人材育成の理念は「モノづくりは人づくり」である。これは、「優れた製品を生み出すには、従業員一人ひとりが優れた人間力や実行力を兼ね備えておく必要がある」という考えに基づいている。

③　自動車に関する全方位の多角化戦略の展開

グローバル市場で、ガソリン車、ハイブリッド車、水素エンジン、電気自動車など自動車に関する全方位に対応する多角化戦略をとっている。ここ数年間、各国政府、メーカーを挙げてEV化シフトに舵を切った。そんな中、トヨタだけはEVシフトに懐疑的で、各方面(特に、マスコミ、政府関係者、競合他社など)の圧力にも屈せず全方位に対応する多角化戦略をとってきた。簡単にいえば、EV化は経営戦略でいえば集中戦略である。集中戦略は本来、グローバル市場で適用すべき戦略ではない。グローバル市場はあくまで多角化戦略である。そういう意味では、トヨタ自動車は経営学の視点でも、愚直に一歩ずつ社会の役に立つモビリティカンパニーをめざしていることがわかる。

3.7　理想のマネジメントモデル

これまで、6社のマネジメントモデルを解説した。ここで、筆者が考える理想のマネジメントモデルを**図3.7**に示す。

理想のマネジメントモデルについて、一つひとつ解説する。

(1)　経営理念・ビジョン・行動指針など

竹中工務店の経営理念「最良の作品を世に遺し、社会に貢献する」が最もシンプルで自社の社会での存在意義を表している。また品質経営の心として、「最大たるより最良たれ」と全社員の心のあり方を示している。これを受けて、最大(規模の拡大)、最速(拙速につながる)は、品質不正などのリスクにつながることから、顧客、従業員、仕入れ先、社会に対して、最適(要求されるQCDEMSなど)の中で、最良の製品・サービスを実現する。

マネジメントスタイルとして品質経営を選択し、経営理念に質の概念をシンプルに込めている。拙速に規模の拡大をひたすら追う経営とは一線を画している。

(2)　戦略

事業・製品・サービスを中心に、日立製作所、ネスレ、トヨタ自動車のように全方位の多角化戦略がよい。グローバル展開するうえでは、物流に関する地政学的リスクなどに対応することが大切である。

(3)　マーケティング

キーエンスでは、複数の顧客に関する機能価値、意味的価値の最大をねらう

<table>
<tr><th>調達</th><th>戦略</th><th>経営理念・ビジョン・行動指針</th><th>モノづくり</th><th>情報</th></tr>
<tr><td rowspan="3">トヨタ自動車は、SAP Ariba の導入により、法規制対応などの新規要件発生時に都度システム改修を不要とすること、また、紙および手作業をデジタル化することで、業務の効率化、ペーパレス化の実現している。</td><td>事業・製品・サービスを中心に、ネスレ、トヨタ自動車のようにお全方位の多角化戦略がよい。</td><td>企業は最大・最速よりも、最適・最良を製品・サービスで実現する。</td><td>YKK は材料、製造機械も内製している。トヨタ自動車では TQM、TPS を中心とした品質経営を実践している。またビジネス史上最も優れた危機対応を実現。ジョンソン・エンド・ジョンソン。</td><td>トヨタ自動車は SAP 統合ソリューションを活用した革新的なモビリティソリューションの構築した。トヨタ自動車では、現在と未来の自動車市場のニーズに対応するために、SAP Business Technology Platform を使用して IT システムを拡張し、同社のランドスケープ全体のプロセスを統合した。</td></tr>
<tr><th>研究開発</th><th>人財</th><th colspan="2">組織</th></tr>
<tr><td>ネスレは本社に研究、地域に開発と権限の委譲。ジョンソン・エンド・ジョンソンはグローバルネットワーク及びオープンイノベーション。</td><td>ジョンソン・エンド・ジョンソンのように、経営理念から行動指針まで顧客、従業員、パートナー、株主など全ステイクホルダーとのかかわり方をクレドに示している。また毎年クレドの実施状況を全従業員に関して調査・分析し毎年改善している。</td><td colspan="2">ネスレのように従業員 32 万 3000 人(2017 年)、工場 85 か国 413、販売国 189 か国、基礎研究所 3 カ所、R&D センター 38 ヶ所。事業と市場によるマトリックス経営体制。買収企業が自律的に経営できるための分権組織。さらに日立製作所の Lamada のような顧客との協創プラットフォームがあるとよい。</td></tr>
<tr><th colspan="2">マーケティング</th><th colspan="2">財務</th><th>SDGs</th></tr>
<tr><td colspan="2">市場を理解し、新しい市場は創造する。さらに複数の顧客の機能価値、意味的価値の最適化を図る必要がある。マス・カスタマイゼーションの実現。マーケティングと営業を従業員が自ら実施する。</td><td colspan="2">日立製作所は事業部などのもたれあい意識の解消のため、営業利益率 3 % を下回る事業を廃止する。ネスレはグループ全体で IFRS(国際会計基準)という一つの物差しを基準にし、グローバルに統一した情報システムを整備した。トヨタ自動車のように全社共通の経理情報基盤に SAP S/4HANA および SAP HANA を導入する。</td><td>トヨタ自動車の SDGs の取組み『私たちは、幸せを量産する』SDGs 達成に向けた取組み①地球環境への取組み②幸せに暮らせる社会への取組み。</td></tr>
</table>

図 3.7　理想のマネジメントモデル

マス・カスタマイゼーションのビジネスモデル(ビジネスモデルのところで解説している)を採用している。さらに、マーケティングと営業を代理店任せにせず、従業員が自ら実施している

品質とコストを両立させるビジネスモデルはマス・カスタマイゼーションが最も優れている。しかし、そのためには顧客に接する際にマーケターおよび営業の力量が問われる。代理店が悪いとはいわないが、自社の大切な商品のよさを伝えるのに人任せにするのは感心しない。また、ビジネスプロセスのスタートラインを代理店任せにすると市場における現場感覚がなくなり、市場の変化についていけなくなる。この点をしっかり理解していただきたい。

(4)　財務

日立製作所のように、事業部などのもたれあい意識の解消のため、一定の営業利益率を下回る事業からは撤退するといった厳しい姿勢をとることは重要である。そうでなければ、株主、従業員、取引先、銀行に対して、収益を上げるという責任を果たしていないことになる。また、グローバルにビジネスを展開していると、拠点ごとの収益がわからなくなることがある。そのためには、ネスレのようにグループ全体でIFRS(国際会計基準)という1つの物差しを基準にし、拠点間の業績を同じ基準で比較できるようにしなければならない。そのうえで、統一した情報システムを整備することによって、ビジネスの現場で起きている問題を迅速に把握することができる。トヨタ自動車は全社共通の経理情報基盤にSAP S/4HANAおよびSAP HANAを導入しているが、このような情報システムへの投資が必要となる。村田製作所は自社開発したシステムをもっているが、その維持改善のために情報システム部門が数百名の人員を確保する体制を維持している。さらに、日立製作所のLumadaのように顧客との協創プラットフォームを構築できるとよい。

(5)　組織

日立製作所は自律分散型グローバル戦略をとっている。グローバル環境下では、迅速な意思決定が求められるため、自律分散型になる傾向がある。

ネスレはM&Aを積極的に展開しているので、買収企業が自律的に経営で

きるための分権組織体制をとっている。コーポレイトが細部にわたってガバナンスを効かせることは困難だからである。ただし、財務の仕組みおよび財務に関する情報システムは標準化しており、同じ基準でマネジメントできるようにする必要がある。

(6)　人財

ジョンソン・エンド・ジョンソンは、経営理念から行動指針まで顧客、従業員、パートナー、株主などとのかかわり方、および果たすべき責任をクレドに表現している。クレドには、仕事に対する意欲、組織での働き方、リーダーシップなどの数値化しにくい点を主にカバーしている。そしてジョンソン・エンド・ジョンソンはクレドに関するアンケートを全組織で実施して定量的に現状および問題点を分析し、改善している。クレドは、A4のシートに英文字342単語で、全従業員が果たすべき責任についてまとめてある。複雑なビジネスの世界で果たすべき責任を明確にし、徹底している点が理想的である。

(7)　モノづくり

YKKは材料、製造機械も内製することで、製品の付加価値を最大限上げている。トヨタ自動車ではTQM，TPSを中心とした品質経営を実践することで、品質、生産性を可能な限り上げている。またビジネス史上最も優れた危機対応を実現したといわれるジョンソン・エンド・ジョンソンの「タイレノール事件」の例から、企業のリスクへの対応によって、その企業がいかに顧客へのことを親身に考えているかが評価されるといえる。

(8)　研究・開発

ネスレは本社に研究、地域に開発と権限の委譲を委譲している。ジョンソン・エンド・ジョンソンはグローバルネットワークおよびオープン・イノベーションを実施している。すなわち研究開発は世界中から情報を収集し、あらゆる拠点で市場のニーズ合った商品を開発している。基本的には、コーポレイトで基礎研究を行い、商品化、応用研究は地域で実施する。研究スタイルはオープン化が進み、産学の地域連携が進んでいる。

(9)　調達

トヨタ自動車は、SAP Aribaの導入により、法規制対応などの新規要件発生時に都度システム改修を不要とすること、また、紙および手作業をデジタル化することで、業務の効率化、ペーパーレス化を実現している。またERPなどを使い、グローバル調達・物流におけるサプライチェーン上の数々の問題点(グリーン調達、CSR調達など)を克服している。また、本社一括購買を進め、コストダウン、物流上のリスクなどの回避に努めている。

(10)　情報

トヨタ自動車はSAP統合ソリューションを活用したモビリティ・ソリューションを構築した。トヨタ自動車では、現在と未来の自動車市場のニーズに対応するために、SAP Business Technology Platformを使用してITシステムを拡張し、同社のランドスケープ全体のプロセスを統合している。このように、企業の基幹情報システム、技術情報システムを統括し、企業グループ全体でマネジメントできるようにすることが望ましい。日立製作所は一時期グループ間での事業の重複が問題となったが、その解決には共通プラットフォーム(日立製作所ではlumada)が必要になる。共通プラットフォームに顧客のプラットフォームもしくはシステムが参画できるようにすれば、顧客との関係性はより強化される。すなわち顧客との協創が可能になる。

(11)　SDGs

先に挙げたトヨタ自動車の例のように、自社のビジネスを通じて、自社と関係の深い分野で、国連が定めた17の目標に対して活動していることが求められる。

以上のようなマネジメントモデルが理想のマネジメントと考える。すなわち、本章で解説してきた企業の経営方針や取組みについての、長所の組合せである。中でも理想に近いのが、トヨタ自動車、日立製作所、ネスレ、ジョンソン・エンド・ジョンソンではないかと考える。読者は理想のマネジメントモデルと比較し、自社の足りない部分の強化を考えるとよい。

3.8　マネジメントモデルの変革

企業規模が大きくなるにつれて、企業は多角化戦略を取るようになる。しかし、大手電機メーカーなどのように、子会社が800社にもなると、各社が何をやっているかがわからなくなり、儲かっていない会社がいくつも出てくるようになる。これらは、グローバル企業が多角化戦略をとったときの負の遺産である。そうなるとリストラが必要になり、先に挙げた日立製作所の例や、GEのように世界No.1または2以外の事業はすべて切り捨てるなど、大ナタを振るう必要がある。これは、1980年代に、キーワードとしてビジネス界で好んで使われた、「選択と集中」である。

選択と集中は、経営においては不採算事業を切り離し、儲かる事業で企業を再編成することといえる。できればやらないで済むほうがよいが、企業の業績の低迷が続き、赤字体質になったら果敢に選択と集中をしなければならない。すなわちマネジメントモデルの変革である。ここで、国内の電気業界の事業再編を例に、具体的なマネジメントモデルの変革について解説する。

3.8.1　電機業界の業界動向

GEが事業再編している1980～2000年から遅れて、国内の電機業界も似たような歩みをしていた。現時点での国内の電機器業界は、日本の業界売上規模第2位で、2021～2022年に85.1兆円の売上規模がある。成長率1.6%、利益率4.8%で日本の経済を支える重要な業界である。電機業界の大手電機機器メーカー5社は売上順に、日立製作所、ソニーグループHD、パナソニック、三菱電機、富士通である。

3.8.2　電気機器業界の事業再編

電機機器業界は2000年以降、積極的に事業再編をしている。大手2社の再編は次のとおりである。

(1) 日立製作所の事業再編

本章でも例として取り上げたが、日立製作所の事業再編の概要は**表 3.1** のとおりである。

日立製作所は経営状況の悪化から、グループの上場企業を中心に大胆な事業再編を行った。日立製作所がやろうとしている社会イノベーション事業に関係する企業は日立製作所本体に取り込み、そうでない企業は大胆に売却していった。その結果を財務データから見ると、2023 年 3 月期の売上高は連結で 10,881,150 百万円、純利益は連結で 649,124 百万円、売上高純利益率は 6.0% となり、健全な財務状態に戻ったと考えられる[24]。

事業再編と、財務状況の改善状況を**表 3.2**、**図 3.8** に示す。

2008 年に過去最大の赤字に陥った経営を、歴代 CEO である川村隆氏(2009

表 3.1 日立製作所の事業再編の概要

年	内容
2012 年	HDD を手掛ける日立 GST の全株式を米国「ウエスタンデジタル(WD)」に約 3,440 億円で譲渡。
2018 年	日立傘下の日立国際電気の成膜ソリューション事業(半導体製造装置)を売却
2020 年	日立ハイテク(半導体製造装置事業)に対し TOB を実施。総額 5,311 億円で完全子会社化へ
	日立化成を約 4,940 億円で昭和電工に売却
	日立 GLS 日立の海外向け家電事業の株式 6 割をトルコの家電大手「アルチェリク」に売却
2021 年	日立ヘルスケア X 線、CT、MRI、超音波診断などの医療機器事業を富士フィルムに売却
2022 年	日立建機の株式の 26.0% を伊藤忠商事と日本産業パートナーズに売却
	日立金属の全株式をベインキャピタルなどで構成する日米ファンド連合に売却
	米投資ファンド KKR の TOB のもとで、日立物流の株式を売却。最終的に株式 10% の資本関係を継続する

表 3.2　日立製作所の業績推移

年度	売上高・収益(億円)	営業利益(億円)	営業利益率(%)	純利益・最終損益(億円)	純利益・最終損益(%)
2005 年	94648	2560	2.7%	373	0.4%
2006 年	102479	1825	1.8%	− 327	− 0.3%
2007 年	112267	3455	3.1%	− 581	− 0.5%
2008 年	100003	1271	1.3%	− 7873	− 7.9%
2009 年	89685	2021	2.3%	− 1069	− 1.2%
2010 年	93158	4445	4.8%	2388	2.6%
2011 年	96658	4122	4.3%	3471	3.6%
2012 年	90410	4220	4.7%	1753	1.9%
2013 年	96162	5328	5.5%	2649	2.8%
2014 年	97749	6413	6.6%	2174	2.2%
2015 年	100343	6348	6.3%	1721	1.7%
2016 年	91622	5873	6.4%	2312	2.5%
2017 年	93686	7146	7.6%	3629	3.9%
2018 年	94806	7549	8.0%	2225	2.3%
2019 年	87672	6618	7.5%	875	1.0%
2020 年	87291	4951	5.7%	5016	5.7%
2021 年	102646	7382	7.2%	5835	5.7%
2022 年	108812	7481	6.9%	6491	6.0%

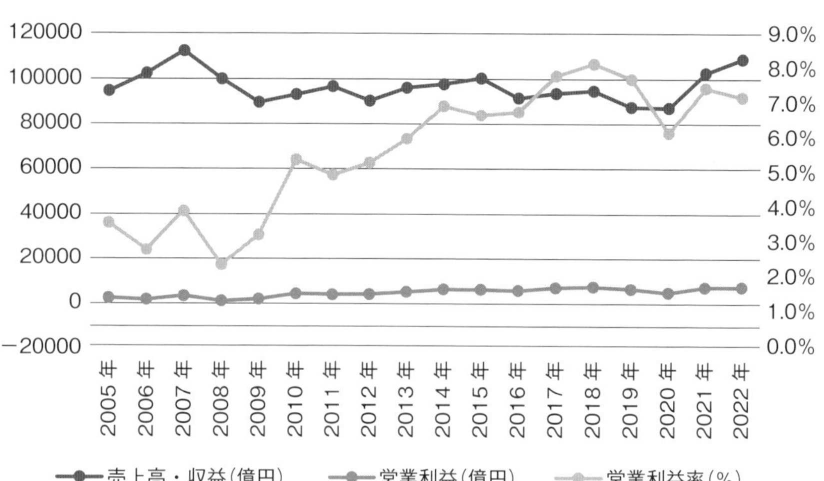

図 3.8　日立製作所の業績推移

年～2010年)、中西宏明氏(2010年～2014年)、東原敏昭氏(2014年～2021年)、小島啓二氏(2021年～)による事業再編によって立て直し、経営を成長軌道に載せていることがわかる。

(2) ソニーの事業再編

ソニーも日立製作所と同様に、2011年に売上高6兆4,931億円、当期純損失△4,550億円と経営状態が悪かった。「ソニーはこのままではつぶれる」と2012年にCEOに就任した平井一夫氏でさえ思ったという。それからソニーは、平井氏のもと**表3.3**のように事業再編を行って復活した。ソニーの事業再編の概要と業績の推移を**表3.4**、**図3.9**に示す[25]。

ソニーは2008年から2014年まで赤字が続いたが、2012年にCEOに就任した平井一夫氏(2012年－2018年)が事業再編に成功して黒字化した。その後吉田憲一郎氏(2018年－2021年)、槙公雄氏(2021年－)へと引き継がれ、成長軌道に載っている。近年は、ゲーム事業、音楽、映画、金融、半導体など、もともと所有していたビジネスの収益性が安定するようになった。企業価値も評価され、株価も好調に推移している。日立製作所ほど大胆ではないが、エレクトロニクスだけでなく、エンターテイメント、金融と事業再編しており、もはや製造業とは思えない企業になってきた。

表3.3 ソニーの事業再編の概要

年	事業再編
1995年	1989年に48億ドルで買収した米国コロンビア・ピクチャーズ(映画会社)の営業権の減損損失として－2652億円を計上した。
2008年～2012年	2008～2012年までの赤字続きは、アメリカの金融危機、ユーロ危機(ギリシャ問題)、円高、東日本大震災などの影響と、企業内再編によるコスト計上によるもの。
2012年～	2012年からCEOに就任した平井一夫社長による改革により「選択と集中」が進む。パソコン(VAIO)事業は、日本産業パートナーズに売却、ディスプレイ生産はジャパンディスプレイへ譲渡、バッテリー事業は村田製作所へ売却。育ててきた事業をいろいろ手放す。

表 3.4　ソニーの業績推移

年度	売上高・収益(億円)	営業利益(億円)	営業利益率(%)	純利益・最終損益(億円)	純利益・最終損益(%)
2005 年	74754	1913 億円	2.5%	1236	1.7%
2006 年	82957	718	0.8%	1263	1.5%
2007 年	88714	3745	4.2%	3694	4.1%
2008 年	77300	− 2278	− 2.9%	− 989	− 1.3%
2009 年	72140	318	0.4%	− 408	− 0.6%
2010 年	71812	1998	2.7%	− 2596	− 3.6%
2011 年	64932	− 673	− 1.0%	− 4567	− 7.0%
2012 年	67955	2265	3.3%	430	0.6%
2013 年	77673	265	0.3%	− 1284	− 1.7%
2014 年	82159	685	0.8%	− 1260	− 1.5%
2015 年	81057	2942	3.6%	1478	1.8%
2016 年	76033	2887	3.7%	733	0.9%
2017 年	85440	7349	8.6%	4907	5.7%
2018 年	86657	8942	10.3%	9162	10.6%
2019 年	82599	8455	10.2%	5821	7.0%
2020 年	89994	9719	10.7%	11717	13.0%
2021 年	99215	12023	12.1%	8821	8.9%
2022 年	115398	12082	10.5%	9371	8.1%

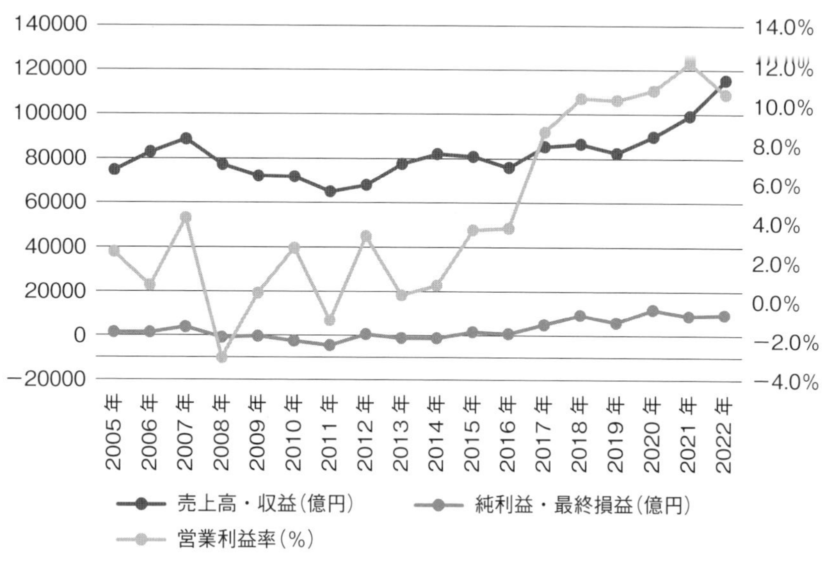

図 3.9　ソニーの業績推移グラフ

3.8.3 日立製作所・ソニーの事業規模

事業再編が比較的うまくいっている日立製作所、ソニーの事業規模(ただし、両社ともグローバル市場でビジネスを展開している)を、データが取れる国内市場の売上規模と比較する。

日立製作所は、製造業ではあるが、IT、自動車部品などでまんべんなく市場で収益を上げていることが分かる。鉄道事業はグローバル市場で収益を上げている[24][25]。**表 3.5** からもわかるように、国内市場規模だけでも数兆円を超える市場で事業展開している。またビルシステム、鉄道事業は、世界の市場規模が数十兆円の市場規模の分野で健闘している。

表 3.6 からソニーは、国内市場規模は小さいが、グローバル市場規模の大き

表 3.5 日立製作所のセグメント別売上対国内市場規模比較

【2021 年度】日立製作所の売上内訳:部門別の業績				2021 ~ 2022 年
部門	売上高	営業利益	[営業利益率(%)]	業界売上規模 国内
IT(DX・Lumada)	2 兆 1536 億円	2681 億円	[12.4%]	17.2 兆円
原子力・エネルギー	3721 億円	276 億円	[7.4%]	重電 5.4 兆円
日立エナジー(ABB 由来送配電)	1 兆 758 億円	624 億円	[5.8%]	重電 5.4 兆円
インダストリー(産業装置など)	9007 億円	822 億円	[9.1%]	機械 32.2 兆円
ビルシステム(エレベーター・空調など)	8227 億円	674 億円	[8.2%]	エレベーター 1817 億円
鉄道	6283 億円	256 億円	[4.1%]	1.1 兆円
家電(日立 GLS)	3966 億円	250 億円	[6.3%]	8.8 兆円
日立ハイテク(半導体製造装置)	5768 億円	587 億円	[10.2%]	3.8 兆円
オートモティブシステム(自動車部品)	1 兆 5977 億円	587 億円	[3.7%]	34.1 兆円
日立建機	1 兆 249 億円	917 億円	[8.9%]	10.1 兆円
日立金属	9427 億円	268 億円	[2.8%]	鉄鋼 18.6 兆円
その他	4563 億円	234 億円	[5.1%]	

表3.6　ソニーのセグメント別売上対国内市場規模比較

ソニーのセグメント別売上			業界動向2021～2022年
セグメント	2022年/売上高	営業利益：利益率(%)	国内市場売上規模
ゲーム事業(PS・スマホゲーム)	3兆6446億円	2500億円：6.9%	6.8兆円
音楽(ソニー・ミュージック)	1兆3806億円	2631億円：19.1%	0.3兆円
映画(ソニー・ピクチャーズ)	1兆3694億円	1193億円：8.7%	0.6兆円
金融(保険・銀行)	1兆4545億円	2239億円：15.4%	64.4兆円
半導体(I&SS)	1兆4022億円	2122億円：15.1%	5.6兆円
エレクトロニクス(TV・カメラ・スマホなど)	2兆4760億円	1795億円：7.2%	85.5兆円

い音楽、映画で収益を上げていること、また、エレクトロニクスメーカーとしてのイメージが強いが、市場規模の大きい金融でも収益を上げていることがわかる。

ソニー、日立製作所はともに、売上規模の大きな国内市場(業界)でビジネスを展開している。ソニーの音楽・映画事業、日立製作所の鉄道事業に関して国内市場は小さいが、両社ともグローバル市場に進出することで、事業規模と拡大していることがわかる。

3.8.4　マーケット・セグメンテーション

マネジメントモデルにおいて、企業が成長するポイントのひとつは市場規模が大きいことである。さらにその市場が成長していればなおさらよい。この課題に対するアプローチ法は、マーケティングにおけるマーケット・セグメンテーションである。すなわち、どの業界をターゲットにビジネスを展開すれば企業が成長できるかを考えることである。

国内市場に限定してこの問題を考える。「業界動向サーチ」[26]を用いて、規模の大きい上位10業界のデータを抽出しまとめると**表3.7**になる。

表 3.7 業界規模ランキング(2021 〜 2022 年)

順位	業界名	成長率(%)	利益率(%)	業界規模(億円)
1	卸売	2.4	− 0.3	1,260,819
2	電気機器	1.6	4.8	855,427
3	総合商社	5.5	5.3	662,157
4	金融	0.4	10.6	644,347
5	自動車	− 2.2	3.2	639,667
6	小売	2.1	0.7	631,891
7	専門商社	− 0.7	0.6	535,376
8	化学	2.8	6.5	351,093
9	自動車部品	− 1.1	2.5	341,173
10	機械	1.3	5.0	329,024

国内企業が属する業界として、売上規模が一番大きいのが卸売業界で、126 兆 819 億円である。

卸売業界に属する企業群は、1 位が三菱商事：17 兆 2,648 億円で、2 位が伊藤忠商事：12 兆 2,933 億円、3 位が三井物産：11 兆 7,575 億円と続く。

2 番目は電気機器業界で、85 兆 5,427 億円である。電気機器業界に属する企業群は、1 位が日立製作所：10 兆 2,646 億円、2 位がソニーグループ：9 兆 9,215 億円、3 位がパナソニック HD：7 兆 3,887 億円である。第 4 位以下は銀行、保険などの金融業が続くが、自社が成長するためには、売上規模の大きい業界と取引があること、もしくは参入することが重要なことがわかる。参入障壁については、ファイブフォース分析などで分析する必要があるが、詳細は文献[27]を参照するとよい[27]。

表 3.7 から、**自社と取引がある業界の規模が、自社の売上規模を決めることになる。**したがって、自社で作っている電子部品を電気機器業界に売ることができれば、機械業界に売るよりも 2.6 倍も大きい取引となる可能性があるとい

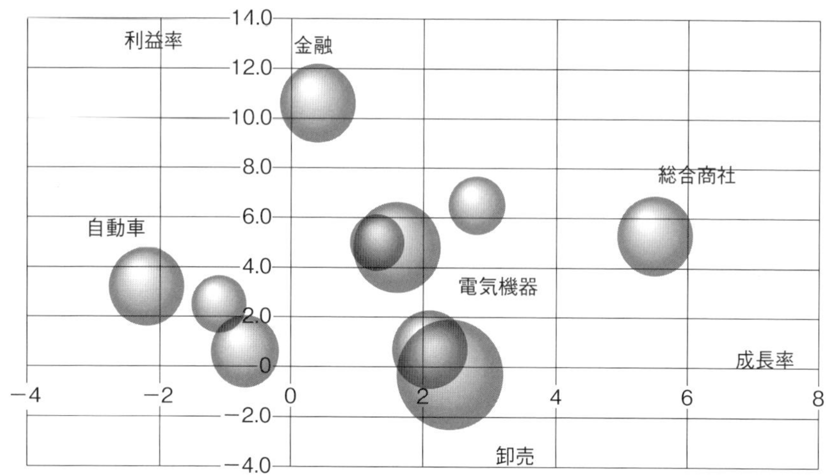

図 3.10　業界別成長率・利益率・売上規模のバブルチャート

える。

次に、業界ごとの成長率、利益率、売上規模のデータでバブルチャートを作成すると、**図 3.10** になる。

図 3.10 から、**売上規模と成長率で判断すると、総合商社、卸売、電気機器の業界が、自社が取引をするなら魅力的な業界**である。また**自社が新たに参入するのであれば、金融業界は売上規模が大きく、利益率が高いので魅力的である。**ソニーグループが金融に力を入れている理由がわかる。

以上のように、電機業界の行った事業再編は大変厳しいものであった。しかし、これは新しい市場を開拓することと一体になってはじめて意味をもってくる。

3.9　マネジメントモデルの比較

本節では、TQM を中心とした品質経営を展開するトヨタ自動車と、欧米型のマネジメントを展開するテスラについて、これらのマネジメントモデルの違いを解説する。なお、トヨタ自動車、テスラともに最新のマネジメントモデルに関する資料が見つけられなかったが、マネジメントモデルの一部に関して記述してある資料があったので、その資料をもとに両社のマネジメントモデルを比較する形とする。

3.9.1　テスラとトヨタ自動車のマネジメントモデルの比較

表 3.8 にトヨタ自動車とテスラのマネジメントモデルの比較を示す。

表 3.8 に示したように、トヨタ自動車とテスラではマネジメントモデルが違う。台数規模ではトヨタ自動車が年間 1,000 万台、テスラは 100 万台(2021 年の販売実績)と 10 倍違う。したがって、戦略としてはトヨタ自動車がグローバル市場をターゲットにあらゆる車種を扱う多角化戦略を、トヨタ自動車ほどの市場規模がないテスラは、経営資源を EV に絞った集中戦略をとっている。

品質経営をマネジメントの柱にしているトヨタ自動車は、自動運転についても安全優先であるが、テスラは FSD(Full Self Driving)を追求しているので市場実験などで事故の報告が多い。資本力のあるトヨタ自動車は販売網については実店舗が主体で、自動車部品はグループ会社を主体にグローバルに調達している。一方テスラは資本力が劣るため、販売網はネットで、電池は他社からも調達しているが、多くの部品は自社工場で作っている[28]。車 1 台当たりの利益額では、テスラはトヨタ自動車を抜いたとの記事が出たが[29]、企業として

表 3.8　トヨタ自動車とテスラのマネジメントモデル比較

項目	トヨタ自動車	テスラ
戦略	多角化戦略(ガソリン車、HV 車、水素エンジン車、EV 車)	集中戦略(EV 車)
自動運転	安全優先	先進性重視
収入	販売金融	販売金融、ソフト課金
販売網	実店舗	ネット通販
部品	グループ会社	自社生産

総合力(財務、ブランドなど含む)ではトヨタ自動車とテスラでは圧倒的な差がついていると考えられる。この点が品質経営を長年続けているトヨタ自動車の凄味と考えられる。

第３章の引用・参考文献

[1]　YKK：「会社概要」（2024 年 4 月 4 日閲覧）
https://www.ykk.com/corporate/group/
[2]　高橋浩夫：『YKK のグローバル経営戦略』、同文館出版、p.28、2023 年
[3]　福田崇男：「70 カ国に標準システムを導入した YKK　世界のグループ会社を EDI で結ぶ」、『日経クロステック』(2023 年 3 月 30 日閲覧)
https://xtech.nikkei.com/it/article/COLUMN/20070626/275840/?P=2
[4]　キーエンス：「会社概要」（2024 年 5 月 9 日閲覧）
https://www.keyence.co.jp/company/about/
[5]　延岡健太郎：『キーエンス　高付加価値経営の論理』、日経 BP、p.92、2023 年
[6]　西岡杏：『キーエンス解剖』、日経 BP、pp.30 ～ 38、2023 年
[7]　Wikipedia：「ネスレ」（2024 年 4 月 1 日閲覧）
https://ja.wikipedia.org/wiki/%E3%83%8D%E3%82%B9%E3%83%AC
[8]　“Nestle SA NESN”, morningstar.com　(2024 年 4 月 1 日閲覧)
https://www.morningstar.com/stocks/xswx/nesn/quote
[9]　高橋浩夫：『すべてはミルクから始まった』、同文館出版、2019 年
[10]　高橋浩夫：『“顧客・社員・社会”をつなぐ「我が信条」』、同文館出版、p.33、2021 年
[11]　Wikipedia：「ジョンソン・エンド・ジョンソン」（2024 年 4 月 1 日閲覧）
https://ja.wikipedia.org/wiki/ ジョンソン・エンド・ジョンソン
[12]　ジョンソン・エンド・ジョンソン：「歴史」（2024 年 4 月 1 日閲覧）
https://www.jnj.co.jp/jnj-group/history
[13]　Yahoo! ファイナンス：「ジョンソン & ジョンソン【JNJ】：業績・決算(通期)」(2024 年 5 月 9 日閲覧)
https://finance.yahoo.co.jp/quote/JNJ/performance?styl=annual
[14]　ジョンソン・エンド・ジョンソン：「我が信条(Our Credo)」（2024 年 4 月 1 日閲覧）
https://www.jnj.co.jp/jnj-group/our-credo
[15]　Mrunal Saraiya：「J&J 社におけるデータの民主化によるサプライチェーン最

適化の事例」、Databricks　(2024 年 4 月 1 日閲覧)
https://www.databricks.com/jp/blog/2022/04/25/democratizing-data-for-supply-chain-optimization.html
[16]　「ビジネス史上最も優れた危機対応を実現。ジョンソン・エンド・ジョンソン「タイレノール事件」」、みんなの BCP　(2024 年 4 月 1 日閲覧)
https://bcp-manual.com/tylenol-crisis/
[17]　Wikipedia：「日立製作所」　(2024 年 4 月 1 日閲覧)
https://ja.wikipedia.org/wiki/ 日立製作所
[18]　「日立製作所の業績推移：売上高・営業利益率・純利益の推移」、ポジテン　(2024 年 4 月 1 日閲覧)
https://positen.jp/4687#Hitachi の連結決算：通年の売上推移
[19]　東原敏昭：『日立の壁』、東洋経済新報社、p.82、2023 年
[20]　日立製作所：「Lumada（ルマーダ）」　(2024 年 4 月 1 日閲覧)
https://www.hitachi.co.jp/products/it/lumada/
[21]　トヨタ自動車：「トヨタ自動車 75 年史」(2024 年 5 月 9 日閲覧)
https://www.toyota.co.jp/jpn/company/history/75years/
[22]　Wikipedia：「トヨタ自動車」　(2024 年 4 月 1 日閲覧)
https://ja.wikipedia.org/wiki/ トヨタ自動車
[23]　スペースシップアース編集部：「トヨタ自動車の SDGs の取り組み『私たちは、幸せを量産する』」、Spaceship Earth　(2024 年 4 月 1 日閲覧)
https://spaceshipearth.jp/toyota-sdgs/
[24]　「日立製作所の業績推移：売上高・営業利益率・純利益の推移」、ポジテン　(2024 年 4 月 1 日閲覧)
https://positen.jp/4687
[25]　「SONY の業績推移：売上高・営業利益率・純利益・総資産の推移」、ポジテン　(2024 年 4 月 1 日閲覧)
https://positen.jp/693
[26]　業界動向サーチ
https://gyokai-search.com/
[27]　今野勤：『データ解析による実践マーケティング』、日科技連出版社、p.38、p.44、p.81、2019 年
[28]　金澤一央、DXNavigator 編集部：『DX 経営図鑑』、アルク、pp.83-89、2021 年
[29]　林咲希、野口和弘：「トヨタ、車１台の利益でついたテスラとの３倍の差」、『日本経済新聞』、2021 年 11 月 16 日　(2023 年 4 月 18 日閲覧)

https://www.nikkei.com/article/DGXZQOFD027700S1A101C2000000/

第Ⅱ部

マネジメントモデルの要素

第Ⅱ部では、マネジメントモデルの要素のうち、特に重要な経営戦略、マーケティング、組織のあり方、財務分析について順を追って解説する。

第4章
経営戦略

本章では、品質経営などマネジメントスタイルと関連の深いマネジメントモデルの要素である経営戦略について解説する。経営学では、経営戦略を戦略、戦術、作戦とその具体性に応じて大別し、さらに製品戦略、マーケティング戦略、技術戦略など、経営の対象や機能によって使い分けている。経営戦略は企業の理念やビジョン、経営目標を達成するための方策である。本章では、これらを踏まえて、世の中で普及している代表的な経営戦略から選択して解説する。

4.1　経営理念と経営目標

一般に経営理念は、ミッション、社訓、社是、綱領として定められ、企業の達成目標をイメージでとらえ、企業のビジョン(5～10年先の企業の姿)としていることが多い。また従業員の事業活動を運営するうえで、具体的な行動のあり方を行動指針として示すこともある。これらのことは、いずれも企業が組織の目指す方向を明確にし、組織の一体感を高め、共通の目的、目標を達成するために重要なことである[1]。

最近は、企業のビジョン(将来の企業の姿)を、わかりやすい図や絵などで表現し、経営指標のなどの到達目標を中長期経営計画で表し、年度方針につなげる企業が多い。すなわち、**図4.1**のようになる。さらに企業規模が大きくなると、事業ごとに事業目標、事業戦略を立てることもある。

経営理念 → 将来ビジョン → 中長期計画 → 年度方針

図4.1　経営理念から年度方針までの流れ

4.2　代表的な経営戦略

企業は経営理念、ビジョン、中長期計画、年度方針、年度目標を定め、具体的な事業計画を立てる。そして、その事業計画を実行に移すうえで必要となるのが、経営戦略である。経営戦略には、大きく分けて企業戦略、事業戦略、機能別戦略の3つがある。企業戦略は「企業がめざす方向(専業化、垂直統合化、多角化)での成長を確保するために、自社の競争的地位に向けたこれまでと大きく異なる全社的資源配分」と定義されている[2]。しかし企業経営の実践の場では、戦術、作戦レベルの実行計画をも経営戦略と称していることも多い。企業でよく使われている代表的な経営戦略を**表4.1**に示す[3][4][5]。この表は、文献[3]から引用し、文献[4]、[5]を加味して加筆修正したものである。

4.3　企業戦略

企業が成長するための戦略について、アンゾフは**表4.2**のように製品と市場の関係から4つの企業戦略を提案している[4]。

以降、これらの4つの企業戦略を解説していく。

4.3.1　市場浸透戦略

現有市場に、現在の製品を売るにあたり、販促、価格攻勢、広告、パブリシティ、コミュニケーション(SNSなど)などを活用して顧客の購買頻度を上げ、市場の占有率を上げる戦略である。他の3つの企業戦略に比べて手堅い戦略である[4]。

具体的には、マーケティングの4P(Product：製品、Price：価格、Place：流通、Promotion：販売促進)について、製品・サービスをこまめに改善し、コストを下げ、流通形態も改善しながら、販促活動、広告などに経営資源を集中する戦略である。

表 4.1 代表的な経営戦略

分類	戦略	解説	具体例
企業戦略	市場浸透戦略	現有市場に、現在の製品を売る。顧客の購買頻度を上げさせる。販促、価格攻勢、広告、パブリシティ、コミュニケーション(SNS など)などによる事情の占有率を上げる戦略である。	大手ハンバーガーチェーンでは、朝食にハンバーガーを食べるキャンペーンを展開している。
	市場開拓戦略	現有製品を、新興国などの新しいセグメントに売る。現在の製品、市場で培ってきた組織能力(技術、製造、販売、人財、ビジネスノウハウなど)を最大限生かしながら、ターゲットの市場に適合させることによって、新しい市場を開拓することができる。	大手宅配便業者が、積極的に海外展開している。
	新製品開発戦略	新製品を現有市場に投入する。これまでの製品のよいところは残し、競合他社の製品とは差別化ができており、顧客の新しいニーズに合致していることによって、ヒット商品となり現在の市場やシェアを拡大することができる。	大手ビールメーカーがノンアルコール飲料を積極的に市場に投入している。
	多角化戦略	新製品を新市場に売る。企業では、事業全体が多角化していくことが多い。ただし、組織能力が伴わない多角化は失敗することも多い。	大手自動車メーカーがプライベートジェットを開発し、アメリカ市場に参入している。
事業戦略	集中戦略	企業が特定の製品、市場、サービス、技術などに経営資源を集中し、競争優位に立つ戦略。	ファーストフードチェーンが、牛丼やハンガーに特化している。
	コスト・リーダーシップ戦略	競争企業よりも低い原価を達成することで市場占有率を高め、規模の経済を享受する戦略。	アパレルメーカーが、企画から製造販売まで SPA (Speciality store retailer of Private label Apparel) を展開し、フリースなどの低コスト化を実現している。
	差別化戦略	競争相手と比較して、自社の製品やサービスに特色を持たせることにより、ターゲット顧客から、それらの違いを知覚もらう戦略。	従来の路面店だけでなく、インターネットショッピングなど新たなサービスを形態をとる。
機能別戦略	マーケティング戦略	企業が保有するマーケティング諸手段の最適なミックスを構築する戦略。	アパレルでこれまで未開拓な市場を探索し開発する。
	研究開発戦略	企業の研究開発の基本方向・機能に関する指針。	食品業界で、調理法が簡単な冷凍食品を開発する。
その他の戦略	ロングテール戦略	20：80 の法則の逆手に取り、80%の製品を数多く売り、利益を上げる戦略。	Amazon など EC 事業者。
	ドミナント戦略	特定の地域に経営資源を集中し、市場の独占を狙う戦略。	大手コンビニチェーンは、特定の地域に集中出店をしている。

表 4.2　製品―市場戦略

	現有製品	新製品
新市場	市場開拓戦略	多角化戦略
現有市場	市場浸透戦略	新製品開発戦略

例えば、大手コンビニチェーンが、ドミナント戦略と名付けて、特定の地域に集中出店をする形で、市場浸透戦略を実施している。さらに、おにぎり 100 円セール、TV 広告、弁当などの多頻度納入、唐揚げなどのホットスナックの店内調理、イートインスペースの設置、銀行 ATM の設置など、細かいサービス改善を続けている。この戦略は、最も手堅く、また競合にも気づかれにくい戦略である。

大手ハンバーガーチェーンのマクドナルドでは、朝食にハンバーガーを食べるキャンペーンを展開し、売上を伸ばしている[6]。朝からハンバーガー店へ行くことへの顧客の抵抗感を払拭し、食習慣として根付かせ、モーニングにハンバーガー店を利用するようにしたのである。このように、製品自体はあまり変えていないが、広告・宣伝によってターゲットの顧客の意識を変えることによって、深く市場に浸透していく戦略である。

4.3.2　市場開拓戦略

現有製品を、新興国などの新しいセグメントに売るときの企業戦略である。現在の製品、市場で培ってきた組織能力(技術、製造、販売、人財、ビジネスノウハウなど)を最大限生かしながら、新しいターゲットの市場に適合させることによって、市場を開拓することができる[4]。

具体的には、マーケティングの 4P のうち、Product 以外の 3 つに注力する、すなわち製品・サービスの開発はマイナーチェンジにとどめる程度として、その分、販促、価格攻勢、広告、パブリシティ、流通方法の変更などに経営資源を集中する戦略である。

具体例としては、ヤマト運輸が台湾で宅配便事業を展開した際の例が該当する。日本での成功例がそのまま導入できるわけではないので、現地の商習慣に合わせて導入していくというものであった。この戦略は、マスコミなどでも大々的に取り上げられることが多いため、うまく行っても競合他社がすぐ真似をし、妨害されることがある。競合他社の動きを絶えず監視しておくことが大切である。

最近、市場開拓戦略で最も成功した企業はワークマンであろう。アウトドア向けのアパレルブランドは、高価格帯、機能・デザイン重視のブランドが多く、ワークマンのような低価格帯で機能性重視のブランドがこれまでなかった。この市場は4,000億円といわれており、これを開拓したことは評価できる(**図4.2**)[7]。

ワークマンでは、売上のデータを店舗責任者自らExcelなどで、細かく分析している。最初は売上データ異常検知からはじまった。統計学では異常値を嫌うことが多いが、マーケティングの世界では、異常値にヒット商品のヒントが隠されている可能性がある。

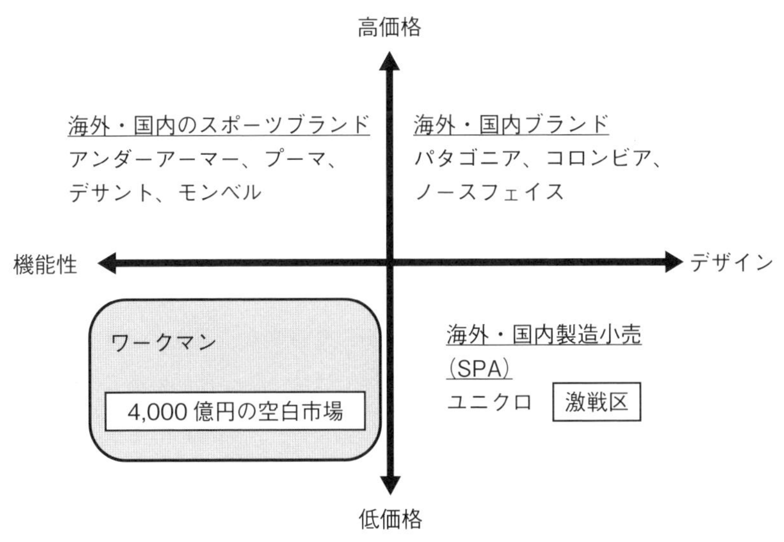

図4.2　アパレルブランドの知覚マップ

ワークマンの「異常値」は、最初は「防水防寒スーツ」だった[8]。2016年、建設作業者や交通誘導員などの屋外作業者向けにつくった「防水防寒ウェア」が突然売れ出した。売切となった店舗が続出しているので現場に見にいくと、購入していたのは一般のバイクユーザーだった。バイクユーザーにとって、冬場のツーリングでの寒さ対策は重要である。しかし、バイクウェアは高額で数万円するものが多かった。ところがワークマンの防水防寒ウェアは、数千円と安いうえに機能性は十分であった。この口コミが広まって突然、防水防寒ウェアが売れ始めたのである。

またワークマンは、広告・宣伝費をあまりかけないことでも有名である。普通、市場開拓には多額の広告宣伝費をかけるが、ワークマンではアンバサダー・マーケティング[9]と称して、YouTubeなどのインフルエンサーを活用している。彼らはワークマンの商品を愛用しており、広告宣伝がうまく、しかもTVタレントに比べ非常にギャラが安い(約10分の1ともいわれている)。かつ、チャンネル登録者数も数十万人レベルになるとその数字は侮れない。コストをあまりかけずに市場開拓をするワークマンのマーケティングは参考になる。

4.3.3　新製品開発戦略

新製品を現有市場に投入する際、これまでの製品のよいところは残し、競合他社の製品とは差別化がしてあり、顧客の新しいニーズに合致していることによって、ヒット商品となり現在の市場やシェアを拡大することができる。製品の流通や販売促進の方法も変わってくる[4]。

ビール業界では、ノンアルコールビールにはじまり、酒造メーカーではノンアルコール梅酒など、お酒に弱いか、酒席では飲めない運転の当番の人などをターゲットに新製品を導入している。マーケティングの4Pによって製品を開発するが、広告宣伝においても、アルコールをあまり飲まないアスリートなどをTVのCMに起用するなど、ユーザーに配慮をしている。

製品開発戦略には、2つの問題がある。一つは、現代社会において、顧客の好みが多様化し、何が売れるかがわかりにくくなったことである。すなわち、大ヒット商品が生まれにくい時代でもあるといえる。顧客の好みのトレンドとその変化を的確に捉え、素早く商品化できる社内の開発体制の構築が、製品開発戦略のポイントになってきている。ホームランが出にくい時代においては、手堅くシングルヒットを続けることが求められている。

もう一つの問題は、新商品はどんどん高機能・高性能化するため、新製品開発の難易度が上がり、かつ開発スピードが遅くなる傾向があることである。また製品の機能・スペックが顧客の要求をオーバーすると、単機能の安い商品に市場が奪われることがある。これをオーバーシュートという[10]。

例えば、電気温水ポットは水を入れると、自動でお湯を沸かし、保温するものであり、市販価格は１万数千円程度である。電気ケトルは安いものは３千円程度から手に入り、すぐにお湯を沸かせるが、保温機能はない。しかし、市場には保温機能はないがお湯を沸かせる電気ケトルで十分と判断する顧客層がたくさんおり、電気温水ポットの市場を侵食している。

4.3.4 多角化戦略

新製品を新市場に売る。企業では、事業全体が多角化していくことが多い。ただし、組織能力が伴わない多角化は失敗することも多い[4]。

大手自動車メーカーのホンダは、アメリカ市場でプライベートジェットを開発・製造・販売して、大ヒットになっている。成功までには、数十年にわたる時間と投資が必要であり、また開発体制をアメリカで維持してきたことは素晴らしいことである。最も厳しいといわれているアメリカの航空機基準をクリアするだけの技術力とプロジェクトマネジメント力は、多角化戦略の成功例として評価できる。アメリカでの成功をもとに、このプライベートジェットの日本への逆輸入をされている。

企業規模が大きくなるにつれて、企業は多角化戦略を取るようになる。しかし大企業において子会社が数百社にもなると、各社が何をやっているかがわからなくなり、儲かっていない会社がいくつも出てくるようになる。そうなるとリストラが必要になる。GEがやったように、世界No.1、2以外の事業はすべて切り捨てるなどの大ナタを振るうことが出てくることもある(選択と集中)。一時このやり方は日本でも模倣された。

その後のGEは、

① 後継者選びに失敗し、

② 取締役会のガバナンスが効かず、

③ 不正会計に近い売上の計上、

④ GEのブランドで集めた社債による資金をM&A(特に石油・ガス事業への投資に失敗した)や金融事業につぎ込み、資金不足に陥った。

GEはSEC(U.S. SecuritieS And Exchange COMMSIO)の監視下に一時入ったが2020年12月に和解した。GEにはCAS(Corporate Audit Staff)という幹部養成コースがあり、そこから幹部候補が各部門に配属されていたが、財務を中心に監査するチームがあったにもかかわらず不正が行われたため、このCAS自体も2020年に解体された。これらの内容については、文献[11]に詳細がある[11]。

4.4　事業戦略

事業戦略とは、企業が複数の事業単位から構成されている場合に、事業単位ごとに立てられる戦略をいう[4]。ハーバード・ビジネス・スクールのマイケル・E・ポーター教授は、事業戦略を3つに分類している。すなわち、コスト・リーダーシップ戦略、差別化戦略、集中戦略である。これらについて解説する。

4.4.1　コスト・リーダーシップ戦略

競合製品に対して、低コストで勝負する、すなわち、競争企業よりも低い原価を達成することで市場占有率を高め、規模の経済を享受する戦略である[5]。

競争相手に対する差別的な優位性を、コスト面で築くことを最重視する戦略である。すなわち、競合製品に対して低コストで勝負することといえる。表4.2にあるように、100円ショップなどがそれにあたる。短期的には顧客が増え、売上が上がるが、すぐに顧客に飽きられるので、絶えず商品をマイナーチェンジしなければならない。外食チェーンでもこの戦略はよくとられる。

低コストを追求すると、商品が単調なものになり、顧客に飽きられてしまうことがある。極端にいえば、100円ショップで売られるノーブランド品になると、もはや社名は認知されなくなる。

ただし、前出のワークマンのように、徹底したコスト削減によって、他社が追随できないレベルまでコストを下げられると、ブランドとコストを両立できる。**第3章**で解説したファスナーのYKKもそのような企業である。YKKでは、材料、製造機械まで内製化し、徹底的にコストを下げている。単なる販売価格の低減では、企業の営業利益率が低下し、資金繰りに窮して財務的な屋台骨を毀損することがある。

この戦略をとるときには、企画からアフターサービスまですべてのプロセスを見直して、ムダを省きコストを下げる必要がある。そうすることで競合他社が真似できないコストを実現する戦略である。

4.4.2 差別化戦略

マーケティングの4Pのいずれかについて差別化する戦略である。競争相手と比較して、自社の製品やサービスに特色をもたせることにより、ターゲット顧客から、それらの違いを知覚してもらう[5]。マーケティング戦略において、マーケット・チャレンジャーがマーケット・リーダーに仕掛ける作戦がそれにあたる(詳細は**5.6節**を参照)。

他社にない商品で、顧客に長く受け入れられる商品を出し続けることは、重要なことである。そのためには、他社には容易に真似られないような商品・サービスを出し続けることが求められる。

かつてのソニーやホンダのように、他社が真似できないような商品を生み出し続けているうちに、大企業になった例もある。

4.4.3 集中戦略

特化した市場、製品・サービスに経営資源(人、もの、資金、情報)を集中し、コスト・リーダーシップ、差別化を実現する戦略である[5]。ただし過度に集中すると、その製品、サービスが不調なときに大きな痛手をこうむる。居酒屋チェーンやステーキチェーンの出店ラッシュが記憶に新しいが、無理な店舗展開をすると、もはや集中戦略はコスト競争になってしまう。

成功例として、山口県岩国市の旭酒造(昭和23年１月設立)社長の桜井一宏氏の講演を紹介する。「これまでの２級酒中心の安く酔える売るための酒ではなく、味わう酒を求めて純米大吟醸(商品名：獺祭)を開発し、酒の質を追求した。この事業転換は簡単なものではなく、地元の市場・酒米農家との関係性悪化やベテラン杜氏の退職などさまざまな影響が出たが、東京へ進出して市場を開拓したり、県外の農家へ酒米の購入ルートを広げた。また社員を匠に育てるため、科学的分析方法を導入した。」このように、新商品を開発し、それに経営資源を集中して成功した、集中戦略の好事例である[12]。

4.5 機能別戦略

マーケティング、研究開発、人財育成、DX などの　経営機能ごとに立てる戦略であり、その種類は多岐にわたる[5]。本節では、マーケティング戦略、研究開発戦略について解説する。

4.5.1 マーケティング戦略

企業が保有する資源・資産から、マーケティングの 4P の視点から最適な組合せを構築する戦略である。マーティング戦略については、**第５章**で詳細に解説するが、絶えず変化する市場や競争相手に対して、市場の将来性を鑑みながら、戦略を立て実施していく。変化への対応力が問われる戦略である。

4.5.2 研究開発戦略

企業の研究開発の基本方向・機能に関する指針を作成し、実行する戦略である。マーケティング戦略ほどではないが、市場が変化することによって、必要とされる技術も変わってくる。しかし、技術は一朝一夕では企業に取り込んで使えるようにはならない。したがってオープン・イノベーションとクローズド・イノベーションの使い分けがカギとなる。なお、オープン・イノベーションは商品開発に必要な技術をマーケット全体に開放して提案を受けるやり方であり、クローズド・イノベーションは、逆に自社開発にこだわるやり方である。オープン・イノベーションで開発期間を短縮しても、その技術を自社でものにし、使いこなすには時間がかかることがある。市場の変化とタイミングを合わせながら自社の技術をものにしていくことが肝心である。

4.6 その他の戦略

代表的な戦略以外にも、世の中では各種の戦略が存在する。有名な戦略を 2 つ取り上げる。先に取り上げたドミナント戦略と Amazon が成長するポイントになったロングテール戦略などがある。詳しくは**第 8 章**で解説する。

第 4 章の引用・参考文献

[1] グロービス経営大学院：「経営ビジョン」（2023 年 4 月 15 日閲覧）
https://mba.globis.ac.jp/about_mba/glossary/detail-12169.html
[2] 高橋宏幸、丹沢安治、花枝英樹、三浦俊彦：『現代経営入門』、有斐閣、p.71、2011 年
[3] 今野勤：『データ解析による実践マーケティング』、日科技連出版社、p.18、2019 年
[4] 吉田和夫、大橋昭一：『基本経営学用語辞典［四訂版］』、同文館出版、pp.8-9、115、119、120、157、179、2006 年
[5] 玉木欽也(2018)：『ビジネスモデル・イノベーション』、中央経済社、p.4、

pp.140-141、pp.150-151、2018年

[6]　キャククル：「マクドナルド」の市場浸透戦略を解説」、」（2023年4月15日閲覧）
https://www.shopowner-support.net/glossary/expanding-marketshare/penetration-strategy/mcdonald-penetration-st/

[7]　土屋哲雄：『ワークマン式「しない経営」』、ダイヤモンド社、p.56、2020年

[8]　土屋哲雄：「「決め手は、異常な売れ方を検知する力」 ワークマン仕掛け人が明かす成功への突破口」、PRESIDENT Online　(2023年4月15日閲覧)
https://president.jp/articles/-/40530

[9]　「ワークマンは「アンバサダー・マーケティング」を本格化します」、ワークマン公式サイト（2023年4月15日閲覧）
https://www.workman.co.jp/news/ ワークマンは「アンバサダー・マーケティング」）

[10]　塩谷剛：「製品の機能次元におけるオーバーシュート」、『組織科学』、Vol.46、No.3、pp.76-86、2013年

[11]　トーマス・グリタ、テッド・マン著、御立英史訳：『GE帝国盛衰史』、ダイヤモンド社、p.260、2022年

[12]　旭酒造株式会社ホームページ　（2024年4月2日閲覧）
https://www.asahishuzo.ne.jp/

第5章
マーケティング

本章では、マネジメントモデルの一つであるマーケティングについて解説する。

5.1　マネジメントモデルとマーケティング

マーケティングとは、アメリカ・マーケティング協会(AMA)が1948年に制定したマーケティングの定義では、「生産者から消費者あるいは使用者に向けて、製品およびサービスの流れを方向付けるビジネス活動」としている[1]。それが2007年には、「顧客、依頼主、パートナー、そして社会全体にとって価値あるモノを創造、伝達、届け(流通)、交換するための活動や仕組み(制度)、プロセス」と変更されている[1]。品質マネジメントと同様に、マーケティングは時代とともに中身が変遷していくことがわかる。2007年の変更後は、特に、企業が提供する製品・サービスの価値が、顧客にとってどのような価値をもたらすか、という点が強調されたといえる。価値とは、顧客が支払う対価に対して、顧客が手に入れる効用である。対価は、お金や時間などわかりやすいものであるが、効用は人によってさまざまである。例えば、在来線に比べて新幹線に乗れば早く目的地に着く。これは、時間という尺度で価値が測れる。また、料理を食べておいしいと感じること、映画を観て感動することなど、目に見えない尺度も価値であり、これらを測るにはインタビューやアンケートなどの手法が必要になる。

本章では、企業のマーケティング活動をマネジメントモデルの一つの要素として解説している。したがって、マーケティングについて実践的でわかりやすい定義を採用したい。そこで、本書ではマーケティングをマーケティング・マネジメントとして、コトラー(2014)に述べている定義を一部修正し[2]、以下のように考える。

マーケティング・マネジメントとは、「①ターゲット市場を選択し、②優れた顧客価値を創造し、提供し、伝達することによって、③顧客を獲得し、維持し、育てていくこと」である。

マーケティング・マネジメントは、ターゲット市場で、いかに顧客に喜んでもらえるような製品・サービスを提供し、企業としての業績も上げ、従業員、取引先、株主などマーケティング活動に参画する人達、最終的には社会に喜んでもらえるようになりたいとの思いを込めることによって、品質マネジメントと違和感なく融合できると考える。

5.2 マーケット・セグメンテーション

市場を定義する製品群を発見することは、どの市場に参入すべきかを決定するために重要である。この際に、マーケット・セグメンテーションの概念が有効である。マーケット・セグメンテーションとは、他の消費者とは異なるニーズや反応をもつ、相対的に似通った消費者群を識別することである[3]。

マーケット・セグメンテーションを決める基準(**表 5.1**)は、人口統計学的および社会経済的要因、態度、使用率、選好/選択の4つがある。それぞれの基準に対応する尺度として、性別、ライフスタイル、ヘビー/ライト、価格弾力

表 5.1　マーケット・セグメンテーションの基準と対応する尺度

基準	対応する代表的な尺度
人口統計学的および社会経済的要因	性別
態度	ライフスタイル
使用率	ヘビー/ライト
選好/選択	価格弾力性

性などが、それぞれの基準に対応する代表的な尺度となる[4]。これらの尺度は無数に考えられ、代表的な尺度だけでもコトラー(1994)、コトラー＆ケラー(2014)に詳細な記述がある[2][4]。

5.2.1　選好セグメントの３タイプ

ここで、マーケット・セグメンテーションにおける、選好セグメントの３つのタイプについて、国内で販売されている自動車を例に解説する。縦軸に顧客の選好度の尺度として、ドライブ、趣味を楽しむ、横軸に実用性を配置する。各車種の配置を**図 5.1** に示す。この図は、筆者の文献[5]から引用したものである。次に３つの選好について解説する[5]。

タイプ１：均質型選好

顧客が自社製品に対し、機能、性能、スタイリングなどすべての項目に中間的な好み、すなわち選好度をもつタイプである。ここで選好度とは、他社より自社の製品が選ばれる割合をいう[6]。

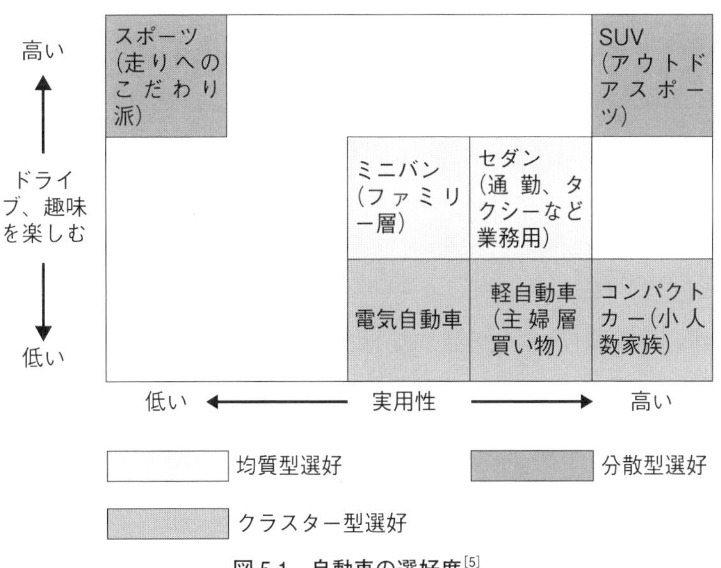

図 5.1　自動車の選好度[5]

均質型選好は、市場の中央をねらうものであり、突出した特徴はないが顧客の要求に過不足なく応えており、値段もお手ごろ感がある商品が対象となる。市場の中央を対象とするので、既存ブランドの製品はどれも似てくる。車種でいうと、中価格帯の標準スペックで、セダンタイプ、ミニバンタイプなどが挙げられる。

企業のプライベートブランドとしてお茶、ミネラルウォーターを製造しているライフドリンクカンパニーは、顧客の嗜好の中央をねらい、大量生産を実現し、コストを大幅に下げている[7]。

タイプ２：分散型選好

顧客の好みが、２つの項目の選好度からなる座標面に分散するタイプである。最初に投入するブランドは、座標の中央の中間的な選好度をねらうが、２番目以降は近傍でもよいし、端でもよい。全体的に包囲網を敷くするように市場を取り込んでいくことが求められ、趣味へのこだわりの強い顧客に向いている。例として、スポーツカー、SUV などが挙げられる。これらには、豊富なオプションが必要となる。**4.3.2 項**で紹介したワークマンは、典型的な分散型選好であり、その後アウトドア・アパレルという次で述べるクラスター型選好に移行している。

タイプ３：クラスター型選好

顧客が「ナチュラル市場セグメント」と呼ばれる明確な選好クラスターを示すことがある。このように、特殊な選好を示すタイプをクラスター型選考と呼ぶ。クラスター型選好の特徴として、クラスターの中央にある顧客数が最大の市場をねらい、複数ブランドを集中的に投入するのが有効である。このタイプの顧客は、商品属性への選好度が高いため、販売量が多く見込める。これらの顧客層をねらって複数のブランドを次々と投入していくと、このクラスターを支配することができる。例として、実用性が高く、ドライブなどの趣味の要素が低い顧客層は、固まっている。主婦層、サラリーマン、高齢者などには軽自動車、コンパクトカー、電気自動車などが対応し、さらに実用性には衝突防止装置などに強い関心をもっている高齢者もいる。

5.2.2 潜在ニーズの探索

マーケット・セグメンテーションを実施したら、次に潜在ニーズの探索を行う必要がある。代表的な探索法は3つあり、順に解説する。

(1) インタビュー調査

事前に用意した質問を行うことによってデータを収集する方法を質問法という。インタビュー調査とは、質問法の一つであり、仮説から導いた質問を通じて顧客の潜在的ニーズを探索し、真のニーズを導き出す手法である。

具体的には、質問項目を作成して顧客に回答してもらい、その結果を分析することで、顧客の考えていることを探索する。例として、自動車の代理店の営業マンが顧客にインタビュー調査を実施した例を**図 5.2** に示す[5]。

(2) ボディ・ストーミング

文字どおり、商品企画者が顧客と同じ体験をすることで、顧客の潜在ニーズを体感し、商品のコンセプトを固める手法である。

ホンダのフィット(自動車)の開発では、開発者自らフィットを運転してスーパーへ買い物に行ったところ、スーパーの大型のカートがラゲッジスペースに載れば、どんな荷物でも載せられることがわかった[8]。

また、サントリーの缶コーヒーブランドであるBOSSの開発者は、長距離トラックの運転手、深夜の工事現場の作業員といった缶コーヒーのヘビーユーザー層が多い職種と同じ体験をした結果、休憩のときに飲むBOSSのコンセプトを「働く男の相棒」とした[9]。

すなわち、フィット、BOSSそれぞれ、開発者がユーザーと同じ体験をしてみて初めてわかる商品の潜在ニーズがあり、それを具体的な商品コンセプトとして打ち出した事例である[10]。

(3) ユース・オブザベーション

商品企画者が顧客をよく観察することで、顧客の潜在ニーズを探索し、商品のコンセプトを固める手法である[11]。例えば、サントリーの缶酎ハイ「－196℃」は、開発者が居酒屋に通い詰め、若者が生絞り酎ハイを好んでいることが質問１ 車には週何回乗りますか？
回答１ １週間に２回くらいです。

質問２ どんな目的で乗ります？
回答２ 買い物とドライブです

質問３ どんな車種ですか？
回答３ Ａ社のミニバンのＢです。

質問４ 乗り心地はいかがですか？
回答４ まあまあではないでしょうか

質問５ 気になる点はありますか？
回答５ 車体が大きいので、車庫入れに苦労します。

質問６ バックソナーはいかがですか？
回答６ 後ろはいいのですが、側面をこすらないかを気にします。

質問７ 値段は？
回答７ 安いほうがいいですけれど、他社の車とも差がないですね。
⋮
質問29 率直に言って、現在の車に満足してますか？
回答29 まあまあでしょう。でも、どこの会社のも変わりないでしょう。

質問30 今後もＡ社の車に乗り続けますか？
回答30 どのメーカーも変わらないから、なんとも言えません。

質問31 その他、なにかお気づきの点があれば、お教えください。
回答31 もう少し、個性のある車がいいね。

挨拶 インタビューにご協力いただきまして、ありがとうございました。

図 5.2 インタビュー調査の例

わかったが、開発者も試してみると、それほどおいしいと感じなかった。しかし、よく観察すると生絞り酎ハイを絞ったあと、自分の手のにおいをかいでいるお客さんが少なからずいた。そこで、開発者が手で果実を絞ってから缶酎ハイを飲むと、味がまるで変わってよりおいしく感じたのである。調べてみると、香りの源泉は果汁よりも果皮にあることがわかった。そこでコンセプトは、「皮も含めた果実丸ごとの香りと味わい」となり、技術的には「瞬間凍結粉砕」という製法を用いて果汁だけでなく果皮まで入れることとし、それが商品名につながった[10]。

このように、顧客の行動をつぶさに観察することで、潜在するニーズに気づき、商品開発につながることがある。

5.3 マーケティング・マネジメント

第2章で経営戦略、マーケティング戦略について概要を述べた。本章では、マーケティング戦略についてその詳細を解説する。

ビジネスの現場では、自社と競合他社との競争が、絶えず繰り広げられている。一貫して顧客重視の姿勢を貫くことが大切であるが、競合他社からの攻撃にさらされているという事実も認識しなければならない。

本節では、市場での自社の立場によって、競合他社に対して自社がどのように市場で対処するかについて解説する[4]。自社がどの立場にあろうと、競合他社からのさまざまな攻撃にさらされることがある。その際は、攻撃に用いられている戦術を正しく認識し、それに即した方法で準備をし、対処することが重要である。なお、経営戦略、マーケティング戦略と「戦略」という用語が重複するので、対処の方法を、ここでは段階的に「戦術」、「作戦」ということにする。なおマーケティング戦略とは、一貫性のある、適切な、かつ実行可能な諸原則の集合である[4]。

5.4 企業の市場における立場の分類

ここでは、市場で自社および競合他社をどのように分類するかを考える。分類の基準に市場シェアがある。

ここでは、最も一般的な数量ベースを市場シェアをとして扱う。市場シェアは、企業の置かれた市場において、さまざまな見方をするため、金額ベース、数量ベース、相対市場シェアなど25種類もあることを補足しておく[12]。

さて、現在のマーケットシェアを基準とした企業の分類には、以下の4つがある。

(1)マーケット・リーダー

(2)マーケット・チャレンジャー

(3)マーケット・フォロワー

(4)マーケット・ニッチャー

ここでこの分類について解説する。

(1)　マーケット・リーダー

日本国内では独占禁止法にかからないかを気にするほどの圧倒的なシェア(一般的には40%以上)を誇り、他社は簡単には牙城を崩せない。シェア下位の競合他社から絶えず追われる立場にある。

(2)　マーケット・チャレンジャー

マーケットシェアの約30%を占め、攻撃的戦術で積極的にシェア拡大を図っている。攻撃の対象は、マーケット・リーダーだけでなく、マーケット・フォロワーにも向けられる。

(3)　マーケット・フォロワー

マーケットシェアは20%程度で、現在の市場シェアを維持することを主眼とし、絶えずマーケット・リーダー、マーケット・チャレンジャーの動きに追随する、すなわち彼らが切り開いた市場に追随することで、製品開発コスト、市場開拓コストを節減しようとしている。

(4)　マーケット・ニッチャー

マーケットシェアは10%以下で、小規模企業群である。大企業がやりたくない、すなわち規模の利益を追求できない市場の隙間をねらうことになる。

以降の節で、4つのタイプ別にマーケティング戦略に解説する[4]。

5.5　マーケット・リーダーの戦略

マーケット・リーダーは、市場で最大のシェアをもっている。そこからさらにシェアを伸ばそうとする場合、以下のようにして市場を拡大する。

5.5.1　マーケットシェアの拡大戦術

市場への浸透度合いを高め、さらにシェアを伸ばす戦術である。具体的には、広告・宣伝を強化しメディアへの露出度を高めることで、さらに新規顧客の獲得を図る。アンゾフのマトリックスにおいて、市場浸透戦略、市場開拓戦略、製品開発戦略のいずれか、もしくはすべてを組み合わせてマーケットシェアをさらに伸ばそうとする。

以降、マーケットシェア拡大への具体的な作戦を解説する。

(1)　広告・宣伝費の投入作戦

シェアを拡大するために、広告・宣伝を強化する作戦である。これは市場浸透戦略の一つで、商品の認知度をさらに上げるために行う。例えば日本国内のビールメーカーは、キリンとアサヒがシェア1位・2位を絶えず競っている。この2社は梅雨時から夏場に向けてTVのCM枠を増やすが、これはビールの認知度を向上させ、消費を喚起するためである。

(2)　革新的な新製品の投入作戦

同じくシェア拡大のために、既存市場に革新的な新製品を投入する作戦である。これは製品開発戦略の一つで、革新的な製品を市場に投入し、市場をつくり変えるようなインパクトを与える作戦である。**第1章**で解説したトヨタ自動車のハイブリッド車プリウスなどの例がある[13]。

(3)　防備力増強作戦

知覚価格(顧客が認識している価値にふさわしい価格)、競争企業価格(競争企業が商品につけている価格)との関連で妥当なところに維持し、幅広いブランドをつくり、小売店の棚スペースを確保する作戦である。サントリーの缶コーヒーBOSSは、微糖、ブラック、無糖など幅広く商品の種類を増やし、コンビニなどの棚を占有しており、他の缶コーヒーメーカーが参入しづらくしている。

(4)　同質化作戦

チャレンジャーが画期的な新製品を出したら、そのすぐ後に、同等かそれより少しよい製品を、安く提供する作戦である。そして、チャレンジャーが構築したマーケットを奪う。似ている概念では、ランチェスター戦略がある。オートバイ業界、通信カラオケ業界、外食産業などで広く見られる戦術である。

マーケット・リーダーがよく採用する作戦は、基本的には同質化作戦である。技術力、資本力などに勝るマーケット・リーダーは、チャレンジャーの仕掛ける競争に負けないようにすることによって、マーケットシェアを守る。

(5)　ドミナント作戦

特定の地域に集中出店し、顧客を根こそぎ奪う作戦である。マーケット・リーダーだけでなく、チャレンジャーも実施している作戦である。コンビニ業界では、半径数百メーターに数店舗出店し、他のコンビニチェーンが入らないようにしている。しかしこれにはフランチャイズ店のからの反発もあるが、市場を確実に占有する作戦であり、店舗が近距離に集中しているので、配送上のメリットをも享受している。**第８章**で詳細に解説する。なお、一般的には「ドミナント戦略」と呼ばれ、本書**第８章**ではドミナント・モデルと表現しているが、本章内では、分類上「作戦」と表記している。

5.5.2　業界破壊者・侵入者への対抗戦術

マーケット・リーダーの敵は、マーケット・チャレンジャーだけではない。山田(2014)は彼らを業界破壊者(Busters)、侵入者(Invaders)と呼んでいる[14]。彼らは、業界の外から挑戦を仕掛けてきて、いつの間にか業界を支配するのである。例えば、音楽業界を脅かしている業界破壊者は、アメリカのスマホメーカーであるアップルの携帯音楽プレーヤーと音楽配信システムである。同じくソニーのゲーム機への参入は、侵入者の例である。大手ゲーム機メーカーの任天堂は、対抗策を講じるのにかなりの時間と資金を投じなければならなかった。今後は電気自動車の分野でも、既存の自動車メーカーに対応する新たな勢力が出現しようとしている。

マーケット・リーダーは業界破壊者になりうる企業に対し、資金などを支援するふりをして、開発の状況を把握し、競合他社との提携を阻止しようとすることがある。このように、業界の破壊者になりうる企業の動きには、マーケット・リーダーは最大の脅威とみなし、細心の注意を払うべきである。

5.6 マーケット・チャレンジャーの戦略

マーケット・チャレンジャーはマーケット・リーダーに挑戦するとともに、マーケット・フォロワーの動きも牽制しなければならない。

5.6.1 直接攻撃戦術

文字どおり、正面からトップに挑む戦術である。戦力が互角に近ければ、対決は長期化する。具体的な内容は以下のとおりである。

(1) 価格引下げ作戦

例えば、牛丼業界において激しい価格競争が繰り広げられた。牛丼業界では2000年ごろから、すき家、吉野家、松屋の「牛丼御三家」がマーケットシェアを拡大しようと、激しい価格競争を繰り広げてきた。結果としていずれの企業も売上高営業利益率が下がり、痛み分けとなってしまった。実行するのは比較的安易な作戦であるが、仕掛けるタイミングや、経営の継続性を考えるとあまりよい作戦とはいえない[15][16]。

(2) 大衆価格製品作戦

中級ないしそれ以下の品質の大衆普及品を思い切った安い価格で販売する作戦である。企業のブランドは安売りのイメージが定着する。既存スーパーにとっての100円ショップの出現、日本の製造業にとっての中国メーカー、日本の農業にとっての外国産品など、国内産業自体が大打撃を受けることがある。また、粗悪品が横行し、社会問題を引き起こすことがある。

(3) 高品質高価格作戦

マーケット・リーダーより高品質かつ高価格な高級品を提供する作戦である。簡単にはブランドが信用されないし、時間がかかるが、例えばBVLGARIなどのようなラグジュアリーブランドが確立できれば、ホテル事業などに進出することも可能になる。

(4) 製品拡散作戦

同一製品分野でリーダー企業より、きわめて多くの機種、サービスを揃える作戦である。大量には売れない商品もラインナップに加えることはコストアップになるが、コストをある程度抑えればマーケット・リーダーに対し、製品包囲網ができる。缶コーヒーにおいて、サントリーがBOSSを展開し、コカ・コーラがジョージアで対応しているが、BOSSの種類の多さに対応できなかった例がある。

(5) 製品ラインナップ縮小作戦

製品のラインナップを縮小し、利益率を上げる作戦である。しかし、作戦としては存在するが、勝ち目は薄い。なぜなら顧客にとっては、多くの種類の製品から自分好みの製品を選択する楽しみがなくなるからである。

先ほどの缶コーヒーにおいて、コカ・コーラが取った作戦がこれである。結果的には、大幅にシェアを落とすこととなった。

(6) 製品・サービス革新作戦

革新的な新製品でリーダー企業の地位を奪い取る作戦である。**第1章**でも解説したように、1987年アサヒビールがスーパードライの大ヒットで、当時の王者キリンとシェア1位を争うところまで迫った。

これも**第1章**で解説したが、アトラクションなどのサービスでは、USJはスーパー・ニンテンドー・ワールド、ウィザーディング・ワールド・オブ・ハリー・ポッターなど数々のエリアを開設し、2015年にはついに来客数で東京ディズニーランドを抜いたといわれている[17]。

これらの革新的な製品やサービスの開発は、市場調査能力や技術開発力がないとなかなかできることではないが、マーケット・リーダーを追い越す力を発揮することがある。

(7) 流通でのイノベーション作戦

流通の形態を大幅に変えることで、マーケット・リーダーに打撃を与える作戦である。ただし、既存の販売店の反発が起きることが多い。

具体的には、アスクルの例がある。アスクルは、もともとプラスの子会社であった。しかし、業界最大手のコクヨに対抗するために、文房具が欲しい顧客に直接宅配するしくみを導入した。文字どおり、顧客が注文をすれば明日来るのである。この利便性が大当たりした。コクヨは、自社の強みである強力な代理店、小売店網が足かせとなり、アスクルに同質化作戦を仕掛けることはできなかった[10]。このようにマーケット・リーダーの強みを逆手に取る作戦は、大当たりすることがある。

(8) 製造コスト低減作戦

製造コストを大幅に下げる作戦である。例えば、自社工場をなくし外注するファブレス(fabless)化があるが、これはAppleがとった作戦である。**第8章**で述べる「価値提案の削減による差別化」に当たる。なお、これを実施すると、既存の取引先が離れていくリスクがある。

逆に、製造に特化して製造コスト以外の経費を徹底的に下げる方法がある。例として、電子部品分野の鴻海精密工業がある。EMS(Electronics Manufacturing Service)の活用による量産設備に関する費用を低減する動きが出てきている。ファブレスメーカーとEMSが組むことで、大幅なコスト削減可能となる。

(9) 広告・販売促進強化作戦

広告・販売促進の量を増やし、質を高める戦略。売上にしっかりつながっているかどうかの検証をする必要がある。GAFAが採用しているA/Bテストなどしっかり効果を検証するとよい。

2023年、WBC・大リーグで大活躍の大谷翔平選手をCMに活用したコーセー化粧品のコスメデコルテ、雪肌精などのブランドが爆発的に売れている[18]。タレントの活躍とCMのタイミングがマッチすると大きな売上増になることがある。

(10) 開発期間の短縮作戦

BtoBビジネスにおいて、顧客の開発部門に入り込み、試作品の依頼を受けたら競合メーカーの半分以下のスピードで提供し、改良を加えながら競合メーカーを振るい落とす作戦である。ニデック(旧日本電産)が得意とする作戦で、弱小部品メーカーが大手の競合を振るい落とし、急成長した原動力となっている。BtoBでは非常に有効な作戦である。

この作戦は、マーケット・チャレンジャーがマーケット・リーダーに仕掛け、スピードと小回りのよさで市場を掘り起こすことがねらいである。ただしこの作戦を実行するときに、必要な試験などを勝手に省き、品質不正に走る場合がある。スピードだけを重視するのではなく、効率的な試験方法の開発なども併せて実施すべきである。

5.7 マーケット・フォロワー、マーケット・ニッチャーの戦略

5.7.1 マーケット・フォロワーの戦略

マーケット・フォロワーは、マーケット・リーダーやチャレンジャーと比べて、経営資源が不足していることが多い。したがって、イノベーション費用(開発費など)を負担しないで、利益を上げる必要がある。そのため、マーケット・リーダーやチャレンジャーと意図的に同質化を図る、つまり真似をする戦略がある。なお、ブランド力が落ちる分、価格も安めに設定しなければならない。

5.7.2 マーケット・ニッチャーの戦略

マーケット・ニッチャーは、もともと市場が小さく、マーケット・リーダー、マーケット・チャレンジャーが相手にしない市場をねらう。したがって、成功のカギは、意識的なセグメンテーションとそこへの集中、効率的な研究開発、シェアよりも利益重視、そして強力なトップ・マネジメントである。すなわち、独自のマーケティング・マネジメントをもつ必要がある。事業戦略でいえば、集中戦略と差別化戦略である。

第５章の引用・参考文献

[1]　石井淳蔵、廣田章光、坂田隆文編著：『1からのマーケティング・デザイン』、碩学舎、p.206、2016年

[2]　フィリップ・コトラー、ケビン・レーン・ケラー著、恩藏直人監修、月谷真紀翻訳：『コトラー&ケラーのマーケティング・マネジメント　第12版』、丸善出版、p.6、pp.304-321、2014年

[3]　J. エリアシュバーグ、G.L. リリエン編、森村英典、岡太彬訓、木島正明、守口剛監訳：『マーケティングハンドブック』、朝倉書店、p.675、1997年

[4]　フィリップ・コトラー：『マーケティング・マネジメント　第7版』、プレジデント社、p.119、196、197、1994年

[5]　今野勤：『データ解析による実践マーケティング』、日科技連出版社、p.83、2017年

[6]　グルーブワークス：「ブランドエクイティの測定方法」（2024年5月15日閲覧）
https://grooveworks.co.jp/how-to-measure-brand-equity/

[7]　LIFEDRINK COMPANY ホームページ　（2024年4月14日閲覧）
https://www.ld-company.com/

[8]　HONDA：「フィット」（2024年4月2日閲覧）
https://www.honda.co.jp/Fit/

[9]　サントリー：「BOSS」（2024年4月12日閲覧）
https://www.suntory.co.jp/softdrink/boss/

[10]　谷地弘安：『技術者のためのマーケティング』、千倉書房、pp.137-138、2019年

[11]　サントリー：「－196［イチキューロク］」（2024年4月2日閲覧）
https://www.suntory.co.jp/rtd/196/index.html?fromid=001

[12]　ポール・W・ファリス、ネイル・J・ベンドル、フィリップ・E・ファイファー、ディビッド・J・レイブシュタイン著、小野晃典、久保知一訳：『マーケティング・メトリクス』、ピアソン桐原、pp.25-68、2011年

[13]　トヨタ自動車：「歴代プリウスの進化」（2023年4月4日閲覧）
https://global.toyota/jp/detail/17851749

[14]　山田英夫：『逆転の競争戦略』、生産性出版、pp.54-60、2014年

[15]　大熊将八：「価格破壊が生んだ「牛丼最終戦争」～吉野家の一手がすき家の快進撃を止めた！」、『現代ビジネス』、講談社　（2023年4月8日閲覧）
https://gendai.media/articles/-/48325

[16]　業界動向サーチ：「牛丼業界の現状や動向、ランキングなど」（2023年4月8

日閲覧）
https://gyokai-search.com/3-gyudon。html# 牛丼業界の動向と現状（2021-2022年）

［17］ 森岡毅：「TDL を抜いた USJ、いったい何を変えたのか」、東洋経済オンライン （2023 年 4 月 10 日閲覧）
https://toyokeizai.net/articles/-/115879

［18］ 中村直文：「「大谷翔平特需」コーセーの賭け 社内「韓国派」を社長説得」、日本経済新聞、2023 年 4 月 6 日
https://www.nikkei.com/article/DGXZQOCD3149Z0R30C23A3000000/

第6章 組織のあり方

マネジメントと組織の関係性は深い。特に経営環境が目まぐるしく変化する時代において、職能別組織、階層型組織といわれる従来型組織が通用しなくなってきた。本章では、企業の組織の形態と、進化型組織といわれるティール組織について解説する。

6.1 組織の形態

フレデリック・ラルー(2018)は、企業組織を色で表した5つに分類している(表 6.1)[1]。

表 6.1 組織の形態

組織	内容	組織の例
レッド(衝動型)組織：赤	強いボスが、すべてを決める組織	オオカミの群れ 非合法組織、ベンチャー企業、体育会
アンバー(順応型)組織：こげ茶	農耕型社会からはじまった不変のルールに従う	軍隊、カトリック教会、官僚組織
オレンジ(達成型)組織：オレンジ	企業の目的達成(利益を上げるなど)のために頑張る組織	上場企業、 ウォール街の銀行
グリーン(多元型)組織：緑	あらゆる人は平等な価値がある組織	家族、ダイバーシティ、ボランティア団体、同好会
ティール(進化型)組織：青緑	個人ひとりひとりが可能性を追求し、全体としてまとまりのある組織	ビュートゾルフ、FAVI、日本レーザー

6.1.1　レッド(衝動型)組織：赤

強いボスが、すべてを決める組織形態である。例えば、オオカミの群れ、非合法組織などが挙げられる。

この組織形態は、よいリーダーがトップに座れば成果を出すこともある。しかし、一人のリーダーが多くの人を束ねることはほぼ不可能であり、組織の構成員の人数が増えると、階層型の組織になる。するとトップと組織の末端との距離が大きくなり、コミュニケーションが希薄になる。したがって、ベンチャー企業でいうと、創業時ではありうるが、数百人以上の規模になった組織では維持するのが難しい組織形態である。

6.1.2　アンバー(順応型)組織：こげ茶

農耕型社会からはじまった不変のルールに従う組織形態である。例として、軍隊やカトリック教会、官僚組織などがある。

公的機関などのように、きちんとした規則が細部まで定められており、そのルールをもとに組織を運営することになる。したがって、前例がありルールが決まっている案件については、処理が早く効率的ではある。しかし時代の流れが早い現代社会では、前例のない案件が多く、かつルールも未成熟な場合に案件が処理できなくなる。アンバー組織で当該案件を処理しようとすると、まず議論を重ねて規則を定め、決められた手続きに則って処理しようとするので、会議の開催数が増え、かつ時間がかかる。

組織が大きくなると、えてしてアンバー組織になり、案件の処理が進まない硬直した組織となることがある。この場合、責任と権限もあいまいになることがあり、何事も決められない組織になる。俗にいう大企業病である。TV の国会中継を見ていると、あらかじめ質問も解答も事前に準備されており、TV を通じて国民に情報を伝える儀式になっている。また国民に伝えられる情報はごくわずかであり、詳しく内容を知りたければ各省庁が発行している白書やホームページの情報になる。最近は SNS を通じて国民に直接訴える政治家も増えてきたが、組織として見たときには前近代的な非効率な組織と考えられる。

6.1.3 オレンジ(達成型)組織：オレンジ

経営理念、経営目標を定め、戦略を策定し組織一丸となって目標(売上、利益を上げるなど)を達成する組織である。大半の民間企業はこのタイプになる。したがって、経営目標や戦略が経営環境に適合すれば、成果を出すことができるが、適合できなければ衰退していく。経営環境は目まぐるしく変化することが多く、かつアンバー組織ほどではないが、自組織の規則やビジネス習慣に縛られることが多く、非効率的な組織運営になっている例を見かける。具体的な例では、2000 年代にフィルム写真で業績を上げていた富士フイルムは、医療機器、高機能材料などへ事業転換に成功し、業績を上げている。一方、写真フィルムに固執したコダックやポラロイドは市場から淘汰されてしまった。これらは、オレンジ組織のよい例とそうでない例となる。

6.1.4 グリーン(多元型)組織：緑

あらゆる人は平等な価値があるとする組織形態である。例として、家族やダイバーシティが挙げられる。

組織の目的も規則も緩やかで、かつ縛りが少ない組織である。組織の構成員間の交流の場を提供することが多く、まとまった成果を期待するものではない。個人はその自主性が重んじられ、かつバックグランドに関係なく平等に扱われる。ボランティア団体、同好会などがこれらに当たる。

6.1.5 ティール(進化型)組織：青緑

個人一人ひとりが可能性を追求し、全体としてまとまりのある組織形態である。例として、ビュートゾルフ、FAVI、日本レーザーが挙げられる。

2018 年ごろから注目されている組織形態である。アンバー組織、オレンジ組織の最大の弱点は、組織の構成員が規則や習慣に縛られることで彼らの士気が下がり、それが組織に蔓延すると組織全体の業績にも悪い影響を与えることである。これら弱点を克服した組織形態がティール組織である。次節で、ティール組織のビュートゾルフ、FAVI、日本レーザーの例を解説する。

6.2 ティール組織の例

6.2.1 ビュートゾルフ

オランダ発の非営利団体による介護システム、ビュートゾルフ(Buurtzorg)は2006年にヨス・デ・ブロックが始めた在宅介護支援の新しいモデルである。このモデルが成功し、2020年には850チーム・1万人の介護士・看護師の規模に急成長している[2]。

ティール組織が世界的な注目を受けているのは、この成果を、通常の介護組織より40%安いコストで実現していることが調査により明らかになったことである。典型的な労働集約型の事業形態でこの数字は驚異的である。

2000年ごろのオランダでの在宅介護は、マニュアルによって細かく看護師の作業時間が規定されており、看護師はそのルールどおりに医療処置をするだけの作業者になっていた。典型的なオレンジ組織である。そのために患者のケアよりも仕事の効率が優先され、看護師の労働環境はどんどん悪化していき、退職者が後を絶たない状況であった。このような状況を改善するには新たな組織を作るしかないと決断し、ヨス・デ・ブロックが始めた在宅介護支援の新しいモデルがビュートゾルフである。**表6.2**に従来型の在宅介護(オレンジ組織)とビュートゾルフ(ティール組織)の比較を示す。

ビュートゾルフにおける在宅介護支援は、看護師10～12名で構成され、細分化された担当地域に住む50名の患者を受け持つ。ここにはリーダーはおらず、患者の担当割からすべての管理業務(例えば、オフィスをどこに借りるかなど)も10～12名の看護師が行う[1]。

この組織は、小集団改善活動に似ているが、業務範囲が広範である。大型設備の導入、新人の採用、研修までも行い、ミニ企業のように活動する。非常にモチベーションが高く、人間性も豊かで、自律型人間が望まれる組織形態であ

表 6.2　従来型在宅介護とビュートゾルフの比較

組織の要素	従来型の在宅介護	ビュートゾルフ
構造	階層構造	自主経営
責任・権限	役職に権限がついて回る	チームが全責任を負い、個人に役職はない
時間管理	マニュアルで分刻み	自主管理
患者との関係性	作業をこなす	患者に尽くす
業務の範囲	医療行為のみ	医療行為、新人の採用、人員の配置などすべてのスタッフ業務
意思決定	上位者がする	助言プロセスに基づき、グループ内に案件の発案者が意思決定する
購買と投資	階層に応じて、限度額がある	だれでもいくらでも使えるが、助言プロセスが尊重され、発案者はそれに回答する必要がある
昇進	昇進機会をめぐる熾烈な戦い	昇進はない。社員間の合意による役割分担の再配分
報酬	上位者が決める	基本給は、他の社員とのバランスで自分で決める。賞与はない。給与格差は少ない
情報の流れ	必要な情報しか開示されない	あらゆる情報が開示されている
看護師の欠勤率比較	欠勤率 100 とすると	欠勤率が 40
看護師の離職率比較	離職率を 100 とすると	離職率が 67
介護コスト(時間)比較	介護にかかる時間を 100 とすると	介護にかかる時間が 60

る。以前は、細かいマニュアルで介護サービスを規定していたが、看護師の離職率が高く、かつ現場のモチベーションが下がっていた。そこで経営者が、ほとんどすべての責任と権限を現場の小集団に委譲し、この小集団で介護サービスに必要なことはすべて決めるようにした。新しい看護師の採用、大型設備の導入、新しい介護サービスなどもこの小集団で発案し、経営者と直接コミュニケーションしながら決めている。特に昇進、報酬、情報の流れなどのプロセス

は、オレンジ組織に慣れている人には考えられないような組織である。それでいて、オレンジ組織より生産性が2倍高いことは驚くべきパフォーマンスである。詳細は、フレデリック・ラルー(2018)に譲るとして、全世界から注目されている介護ビジネスであり、組織運営である[1]。

6.2.2 FAVI

自動車の変速機部品の製造を行うフランスのFAVIは、1950年代後半に水道用の蛇口用部品を作る製造業として設立された。従業員約500名の企業であり、ギアボックス・フォーク変速機で世界の50%の市場シェアを誇っている[3]。従業員の給与は業界平均をはるかに上回り、離職率はほぼ0という[4]。

全社はミニ・ファクトリーと呼ばれる15～35名の小チームに分けられ、ほとんどのチームは、特定の顧客か顧客のカテゴリー向け(フォルクスワーゲン・チームなど)の業務に特化している。それぞれのチームにはミドル・マネジメント(日本でいう管理職)はおらず、チームが自分たちで決めた以外のルールや手続きは実質的に何もない。スタッフ機能はほとんどなく、人事部、企画部、購買部などがない。**表6.3**にFAVIと従来型の現場と比較を示す。

先ほどのビュートゾルフは、看護師という専門性の高い集団だから、ティール組織で運営できると思われがちである。しかしFAVIの例を筆頭に、さまざまな組織がティール組織として運営されていることがフレデリック・ラルー(2018)で言及されている。表6.3からFAVIは製造業であるため業務の内容はビュートゾルフと違いがあるが、他の項目はほとんど同じであることがわかる。

特に、オレンジ組織に慣れている人にとっては、

①　組織がばらばらで勝手なことはしないか？

②　社内のもめごとの処理はどうするのか？

③　トップは何をするのか？

などの疑問が湧いてくる。これらについて、ティール組織では、

①　すべての情報(個人の評価、グループごとの業績などを含む)がオープンである。

表 6.3　従来型の現場と FAVI の比較

組織の要素	従来型の現場	FAVI の現場
構造	階層構造	自主経営
責任・権限	役職に権限がついて回る	チームが全責任を負い、個人に役職はない
管理	標準、マニュアルなどによる統制	自主管理
顧客との関係性	ほとんどない	顧客の要望がすぐ現場に入る
業務の範囲	製品・部品の製造のみ	製品・部品の製造、オーダーの納期調整、トラブルの対応など受注から出荷、アフターサービスまで
意思決定	上位者がする	助言プロセスの基づき、グループ内に案件の発案者が意思決定する
購買と投資	階層に応じて、限度額がある	だれでもいくらでも使えるが、助言プロセスが尊重され、発案者はそれに回答する必要がある
昇進	昇進機会をめぐる熾烈な戦い	昇進はない。社員間の合意による役割分担の再配分
報酬	上位者が決める	基本給は、他の社員とのバランスで自分で決める。賞与はない。給与格差は少ない
情報の流れ	必要な情報しか開示されない	あらゆる情報が開示されている

② さまざまな案件処理には、グループ内外の意見を聞くことができ、それらに提案者は回答をする必要があるが、最終的には案件の提案者が自分で決めることができる。

すなわち、オレンジ組織では社長や取締役会の稟議による決議によって決めるような大型設備投資の案件についても、当該グループのメンバーが決めることができる。これら2つがティール組織の最大の特徴である。

6.2.3　日本レーザー、未来工業

日本レーザーは、東京都新宿区西早稲田にあり、社員数は約60人、年商約40億円、設立は1968年の中小企業である[5]。日本レーザーは日本電子の子会社で、主な業務はレーザー機器を輸入・販売する輸入商社である。

日本レーザーが注目されているのは、人を大切にする経営学会の「第1回　日本でいちばん大切にしたい会社大賞」の「中小企業庁長官賞」、東京商工会議所の「第10回　勇気ある経営大賞」、ホワイト企業大賞企画委員会の「第3回　ホワイト企業大賞」を受賞していることである。その組織運営はティール組織そのもので、オレンジ組織の企業が多い日本では異色の存在である。その組織運営の特徴について、従来型の商社との比較を含め**表6.4**に示す。

表6.4からもわかるように、ユニークなのは、品質マネジメントでは顧客第一と謳っているが、日本レーザーは社員第一と謳っている点である。社員を大切にしないと顧客と一緒によい仕事はできない。顧客第一とすると顧客の無理難題を聞くようになり、社員にストレスがかかるとのことであった。組織の階層が実質2階層で、ほとんどの権限が社員に委譲されており、商社という特性もあり、社員の裁量で海外市場からレーザー機器を輸入している。しかも、**社員のほとんどが株主として企業経営に関わっており、株主(＝社員)の望むような自主経営が実践できることである。**これは特筆に値する。

日本レーザーと同様に、未来工業は日本一のホワイト企業といわれている。岐阜県安八郡輪之内町に本社があり、日本の企業では類を見ない、従業員に対するユニークで手厚い施策を実践している優良企業である[6]。具体的な内容は文献[6]に譲るとして、最大の特徴は、次のとおりである。

年間休日数が140日と日本で一番多く、これとは別に、最大で40日間の有給休暇も設定されている。1年のうち180日間、つまり1年の半分が休みである。しかも平均年収も660万円という待遇である。創業者である山田昭男氏は、当時「一般的な企業経営の常識からはかなり外れたオペレーションにもかかわらず、業績は良く、利益率は業界一、岐阜県でも最高」とのことである。これ

表 6.4 従来型の商社と日本レーザーの特徴

	従来型の商社	日本レーザー
組織	多段階の階層構造	2～3階層（役員、グループ長、一般社員）ただし、グループ長は役員が兼ねることが多いので、実質2階層
責任・権限	役職に権限がついて回る	役職はあるが、資格呼称である。
管理	標準、マニュアルなどによる統制	自主管理
コントロールセンター	トップダウン	トップダウンを認めない。社員が社長のつもりで案件の処理について判断し実行する。徹底した権限移譲
顧客との関係性	顧客第一	社員第一、顧客第二
業務内容	上司、業務分掌で決まる	基本は社員が決める
単身赴任	あり	基本はなし
定年制	あり	社員が希望すれば、いつまでも働ける
昇進	昇進機会をめぐる熾烈な戦い	昇進という概念はない。仕事の成果、能力で個人が評価される。
報酬	職位で決まる	TOEIC の点数の手当てなど能力給
情報の流れ	必要な情報しか開示されない	あらゆる情報が開示されている。個人の営業成績も開示している
インセンティブ	ない	成果賞与、受注の粗利の3％を営業・技術など担当で配分する。配分割合もグループで決める
採用	新卒一括採用	都度、ハローワークで募集する
雑談	禁止、隣の人でもメールで連絡	奨励
報連相	重視	気にしない。雑談が代用している。
株式	持ち株会、銀行、親会社、投資会社	発行株式の85％以上を、社員の95％が所有（co-owned business）
企業の所有	株主	社員（Management and Employee Buyout）
株主要求	高成長、高収益、高配当、高株価	社員の働きやすさ、人の幸せ

ほどまでに社員に尽くしている企業は他になく、「第１回　ホワイト企業大賞」を受賞した。

業種は、電気設備資材、給排水設備資材およびガス設備資材の製造ならびに販売であり、製造業でこれだけのマネジメントしている企業は日本では数少ない。

日本レーザー、未来工業に共通している概念は一つで、**社員のモチベーションを最大限高めることによって、社員も企業も成長できることを実践し、成果を出し続けていることである**。両社の組織のあり方は、ティール組織運営の参考になる。

次節では、品質マネジメントの特徴である小集団活動とティール組織について解説する。

6.3　ティール(進化型)組織と小集団活動

文献[7]によると、小集団改善活動/小集団活動の定義は、「共通の目的及び様々な知識・技能・見方・考え方・権限などを持つ少人数からなるチームを構成し、維持向上、改善及び革新を行うことで、構成員の知識・技能・意欲を高めるとともに、組織の目的達成に貢献する活動。注記　小集団改善活動には、改善チームによる活動、QC サークルによる活動などが含まれる。」とある[7]。また小集団活動は、職場型・継続型(QC サークル、TPM サークル)、職場型・時限型(プロジェクトチームやタスクチーム)、横断型・継続型(安全委員会など)、横断型・時限型(部門横断チーム、シックスシグマチームなど)の４つの形態がある。

小集団活動とティール組織では、マネジメントの範囲が決定的に違う。しかし、人間性尊重を基本に小集団の組織能力を最大限発揮できるようにマネジメントしている点は共通である。一方相違点は、小集団活動の QC サークルでは、職場の問題解決が主体であるが、採用人事、設備投資、人材育成など上層部が意思決定するような重要な問題は基本的には扱わない。**ティール組織ではこれ**

らの問題を含めてマネジメントを実施し、かつ責任も負っている。そうすることによって、問題意識も他人ごとではなく、すべて自分ごとであり、組織能力が限界まで発揮されるのである。

ティール組織は一朝一夕でできるものではないが、倫理観、人間性、協調性、技術、技能が高いプロ集団であれば可能なマネジメント形態である。これまでのような、アンバー組織やオレンジ組織ではできなかった組織のパフォーマンス・士気を最大限発揮するマネジメントが可能になる。TQMはPDCAサイクルを回しながら、一歩一歩組織能力を上げることによって、ティール組織に向けて進んでいく方法とも考えることができる。

第6章の引用・参考文献

[1]　フレデリック・ラルー著、嘉村賢州監修、鈴木立哉訳：『ティール組織』、英治出版、pp.30-45、pp.108-109、p.166、2018年
[2]　Buurtzorg Nederland　(2024年5月16日閲覧)
https://www.buurtzorg.com/
[3]　FAVIホームページ　(2024年6月13日閲覧)
http://www.favi.com/en/about-favi/
[4]　奥村隆一：「上司なし会議ゼロで世界シェア5割の会社 日本企業に似たティール組織の機能」、PRESIDENT Online　(2023年4月18日閲覧)
https://president.jp/articles/-/25724
[5]　近藤宣之：『社員に任せるから会社は進化する』、PHP研究所、p.31、2018年
[6]　未来工業株式会社：「会社概要」(2024年5月16日閲覧)
https://www.mirai.co.jp/company/
[7]　JSQC-Std 31-001：2015「小集団改善活動の指針」、p.4、p.12

第7章 財務分析

財務分析とは、「貸借対照表や損益計算書等の財務諸表の数字に基づいて、会社の収益性・安全性・生産性・成長性を分析し、業界内や競合他社と比較すること」をいう[1][2]。経営者や取引先、投資家などが財務分析を用いて現状と問題点を把握することで、企業の全体像や問題点などを具体的に把握できる。また、自社の財務的な問題点をチェックすれば、経営危機を回避できるし、将来の会社の利益を予測することもできる。財務分析により、正確な現状把握と将来予測をすることで、正しい意思決定ができる[3]。

7.1 財務分析の4分類

財務分析は、その目的によって「安全性分析」、「成長性分析」、「収益性分析」、「生産性分析」の4つに分類できる。

(1) 安全性分析

安全性分析は、その企業にどれだけ支払い能力があるのかを分析するものである。この分析により、企業の経営状態が、財務的に安全なのかどうかがわかる。具体的な指標は**7.2節**で解説する。

企業は、赤字が続くと借金をするために負債が増えていく。すると金融機関が融資を抑えるために、企業の換金しやすい流動資産が減り、ついには債務超過になり借金が返済できずに、企業は倒産する。最近は、利益よりもキャッシュフローを重視するAmazonのような企業が出てきた。これも当たり前だが、いくら帳簿上の利益が出ていても、キャッシュとして顧客から代金を回収しなければ、ビジネスは完結しない。この点が安全性分析ではとくに重要な点である。

(2) 成長性分析

成長性分析は、それまで企業がどのように成長してきたか、そして将来の成長の可能性を分析するものである。簡単な方法は、対前年度比で売上、利益が伸びているか調べることである。すなわち絶えず新しいマーケットを開拓し、成長を続けていることが企業の正しい姿である。既存のマーケットにおいて、競合他社との戦いに全精力をつぎ込むことは賢いやり方とはいえない。企業の戦いの場、すなわちマーケットは、グローバルに広がっていることを忘れてはいけない。すなわちレッドオーシャンでもがき苦しむより、ブルーオーシャンにおいてビジネスチャンスを探索することが、イノベーションにつながると考えられる。

(3) 収益性分析

企業がどれだけ利益を上げられているのかを見るものである。利益の具体的な額ではなく、その比率を見ていくのが重要である。先に解説したキーエンスは、売上高総利益率80%、すなわち原価率20%を新商品開発の目標値にしてマネジメントを展開している。すなわち、キーエンスはそれだけ高い商品でも他社にない商品で、どうしても顧客が欲しくなる商品を開発し、販売することで収益を上げていこうとしている。

(4) 生産性分析

生産性分析は、従業員や設備など、企業が抱えている経営資源が効率よく活用されているかどうか、それがどれだけ売上や付加価値の創出につながっているかを見るものである。企業全体の付加価値を従業員数で割った労働生産性が代表的な指標である。

本章では、安全性分析、収益性分析、生産性分析に的を絞って、それぞれの指標について解説する[4]。

7.2 安全性分析

安全性分析に用いる代表的な指標について解説する。

(1) 流動比率 $= \dfrac{\text{流動資産}}{\text{流動負債}}$ ：200％以上なら良好

(2) 当座比率 $= \dfrac{\text{当座資産}}{\text{流動比率}}$ ：100％以上なら良好

(3) 固定比率 $= \dfrac{\text{固定資産}}{\text{自己資本}}$ ：100％以下なら良好

(4) 固定長期適合率 $= \dfrac{\text{固定資産}}{(\text{自己資本}+\text{固定負債})}$ ：80％以下なら良好

(1) 流動比率 $= \dfrac{\text{流動資産}}{\text{流動負債}}$

1年以内に資金化できる流動資産と、1年以内に返済する必要がある負債の比率である。この比率が高いほど、経営状態が安定しているといえる。最低でも100％以上、すなわち流動資産が100％換金できれば、流動負債がなくなることになる。しかし、流動負債の中に型式が古い在庫など市場で販売しにくい棚卸資産が多く含まれていると、流動負債を流動資産に変換できなくなる。

(2) 当座比率 $= \dfrac{\text{当座資産}}{\text{流動負債}}$

当座資産は、現金・預金、売掛金・受取手形、有価証券のようにすぐ資金化できる資産であり、流動比率よりさらに直接的に流動負債の返済しやすさを示す指標である。流動比率の説明で述べたように、流動負債を確実に返済するには、当座比率が100％を超えていることが望ましい。

(3) 固定比率 $= \dfrac{\text{固定資産}}{\text{自己資本}}$

固定資産をどれだけ自己資本で取得しているかを表す指標である。固定資産は土地、建物、設備など企業の資産として安定した財産とみなすことができる資産である。しかし、固定資産の取得を借金に依存していると、借金の返済のために固定資産を売却しなければならなくなる。したがって、返済の必要のない自己資本で固定資産を取得しているかを固定比率が100％かどうかで判定する。

なお、自己資本は、以下で求められる。

自己資本＝連結貸借対照表の純資産－(新株予約権＋少数株主資本)

(4)　固定長期適合率＝$\dfrac{\text{固定資産}}{(\text{自己資本}+\text{固定負債})}$

固定比率では分母が自己資本だけだが、それでは厳しすぎるという考え方がある。固定負債であれば長期間返済期間があるので、固定比率よりは緩い基準で、自己資本と固定負債で固定資産を取得していることを表す指標である[2]。

7.3　収益性分析

収益性分析の際に用いる５つの代表的な指標を解説する。

(1)　売上高総利益率＝$\dfrac{\text{売上総利益}}{\text{売上高}}$

売上総利益＝売上高－売上原価

(2)　売上高営業利益率＝$\dfrac{\text{営業利益}}{\text{売上高}}$

営業利益＝売上高－上原価－販売費・一般管理費

(3)　売上高経常利益率＝$\dfrac{\text{経常利益}}{\text{売上高}}$

経常利益＝売上高－売上原価－販売費・一般管理費＋営業外収益
　　　　　－営業外費用

いずれの指標も、分母が売上高で分子が利益であり、比率が高い企業ほど収益力があることになる。ただし、売上基準は企業によって異なるので、営業キャッシュフローを検証する必要がある。すなわち、売上計上基準は企業によってまちまちで、一番緩いのが出荷基準、次に検収基準、最も厳しいのが入金基準となる。

出荷基準では、倉庫から顧客へ出荷しただけなので、顧客が検収するかどうかがわからないし、返品されるかもしれない。したがって、この売上はまだ架空の売上である。

検収基準は、少なくとも製品は顧客が受け取ったが、代金を満額振り込んでくるとは限らない。

最後の入金基準、代金を満額振り込んだことを確認するものなので、最も確かな売上基準である。

(4) 総資本経常利益率＝$\dfrac{\text{経常利益}}{\text{総資本}}$

総資本＝負債＋純資産　(貸借対照表の貸方すべて)

※ ROA(Return on Assets)

(5) 自己資本経常利益率＝$\dfrac{\text{経常利益}}{\text{自己資本}}$

自己資本＝連結貸借対照表の純資産－(新株予約権＋少数株主資本)

※ ROE(Return on Equity)

投下した資本に対する利益率で、資本が有効に活用されているか判断する指標である。この指標が高いほど、資本が有効に活用されていることになる。

総資本経常利益率(ROA)は、業界によって分母の総資本の内容が違う。化学プラントなど大型設備を使う業界では総資本が大きくなり、商社、小売業、IT 企業では総資本が小さくなる。したがって、業界を限定して業界内の企業間比較に総資本利益率を用いるとよい。

自己資本経常利益率(ROE)は、自己資本との経常利益の比較なので、業界をまたいで、企業間比較をしてもよい。

一般的に ROE の計算方法は「当期純利益÷自己資本(株主資本)」となる。次のような式でも求めることが可能である。

$$\text{ROE} =「\frac{当期純利益}{売上高}(売上高当期純利益率)」\times「\frac{売上高}{総資産}(総資本回転率)」\times「\frac{総資産}{自己資本}(負債比率)」$$

この式から、ROEの向上には売上高当期純利益率、総資本回転率、負債比率の改善が有効になる。売上高当期純利益率の改善には、より付加価値の高い商品やサービスの販売とコストの削減による利益率のアップなどが必要となる。総資本回転率の改善には、一定の費用に対して販売数量や回数を増やして多く販売することが求められる。負債比率は自己資本を大きくするのが一般的なので、負債比率は小さくなる傾向がある。

したがって、ROEだけで企業経営の現状を改善しようとするのは経営を間違いやすくするといえる。これを避けるため、複数の指標を並列に比較して検討するとよい。

7.4　生産性分析

生産性分析の際は、回転率(単位は回数)に着目することが求められる。

$$回転率(回) = \frac{売上}{資産}$$

回転数が大きいほど、少ない資産で売上を上げていることがわかる。

以下で、代表的な回転率について述べる。

(1)　棚卸資産回転率(回)$=\frac{売上}{棚卸資産}$

少ない在庫で売上を上げている、すなわち、売れたらすぐ仕入れる、またそれがすぐ売れる状態であるかを見る指標である。流行っているラーメン屋やファーストフード店を考えた場合、例えば顧客の滞在時間が15分、昼休みを60分とすれば、4回転できるのでよい小売ビジネスといえる。

(2)　総資本回転率(回)$=\dfrac{\text{売上高}}{\text{総資本}}$

他人資本(借金)＋自己資本(自己資金)で効率よく売上を上げているかどうかを見る指標である[4]。

7.5　損益分岐点分析

企業が利益を上げるためには、売上と利益と費用の関係をきちんと把握しておくべきである。経営学では、損益分岐点(Break Even Point)分析がこれらの関係をわかりやすく表し、利益を出すための考え方を教えてくれる(**図 7.1**)。損益分岐点分析から、次のことがわかる。

① 損失と利益の境界となる売上高がわかる。

② 固定費を下げることで、現状より少ない売上でも利益が出ることがわかる。

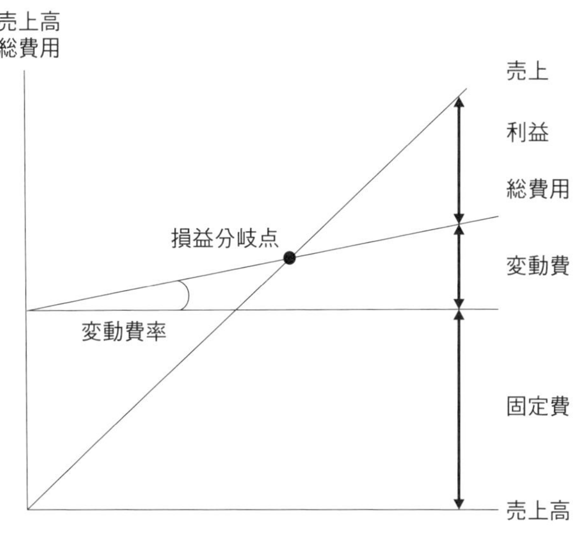

図 7.1　損益分岐点の概念図

③ 変動比率を下げることで、現状より少ない売上でも利益が出ることがわかる。

損益分岐点の求め方は、次のとおりである。

$$変動費率=\frac{変動費}{売上高}$$

$$損益分岐点=\frac{固定費}{(1-変動費率)}$$

具体例を挙げる。ある店で、売上高 1,000 千円、原材料代などが 600 千円とし、固定費は賃貸料などで 1,500 千円としたとき、

$$変動費率=\frac{変動費}{売上高}=\frac{600}{1000}=0.6$$

$$損益分岐点=\frac{固定費}{(1-変動費率)}=\frac{1500}{(1-0.6)}=3{,}750\ 千円$$

となる。

厳密に費用を分解して損益分岐点を求めることが困難なときは、数期(5 期以上)の売上，営業利益から最小 2 乗法で、損益分岐点分析をする方法もあるが、データをかなり集めないと回帰式で予想することは難しい。

次の例題で、損益分岐点の実践的な活用例を示す。

【例題】

ある金型製造業では、損益分岐点売上高が 5 億円である。その内訳は固定費が 3 億円で、変動比率が 0.4 である。この企業が利益を 1 億円出すには、売上をいくらにしなければならないか？　また、利益を 1 億円出す条件で、売上が 5 億円で、固定費を 2,000 万円削ったとして、変動費率をいくらにしなければならないか？

【例題の解答】

損益分岐点、利益は下記の式で算出する。

$$損益分岐点売上高=\frac{固定費}{(1-変動費率)}$$

$$利益 = 売上 - \frac{(固定費 + 売上 \times 変動費率)}{総費用}$$

だから、

$$利益 + 固定費 = 売上(1 - 変動費率)$$

したがって、

$$売上 = \frac{(利益 + 固定費)}{(1 - 変動費率)}$$

$$= \frac{(1 + 3)}{(1 - 0.4)} = 4/0.6 = 6.67$$

ゆえに、利益を1億円上げるために求められる売上は、6.67億円である。

次に変動費率は、

$$利益 = 売上 - (固定費 + 売上 \times 変動費率)$$

から、同様に、

$$\frac{(利益 + 固定費)}{売上} = 1 - 変動費率$$

となり、

$$変動費率 = 1 - \frac{(利益 + 固定費)}{売上}$$

$$変動費率 = 1 - \frac{(1 + 3 - 0.2)}{5} = 0.24$$

である。すなわち、変動費率を0.4から0.24へとかなり下げる必要がある。これは、大雑把にいうと材料費率を40％から24％へと40％下げなければ達成できない、かなり厳しい数字である。

第7章の引用・参考文献

[1]　藤山祥紀監修：「財務分析｜4つの重要ポイントと16の財務指標」、経理COMPASS　(2024年5月15日閲覧)
https://advisors-freee.jp/article/category/cat-big-09/cat-small-26/9234/

[2] Gemstone 税理士法人：「財務分析とは？知っておきたい４つの方法と指標」、ビジドラ (2024 年４月３日閲覧)
https://www.smbc-card.com/hojin/magazine/bizi-dora/finance/analysis.jsp
[3] 南伸一：「第６章 決算書の分析 第１節 分析の指標〜安全性、収益性〜」、ジャスネットキャリア (2024 年４月３日閲覧)
https://career.jusnet.co.jp/keiri/financial_statements/6_1.php
[4] 株式会社 APM コンサルティング：『決算書から読み解くビジネスモデル分析術』、翔泳社、pp.76-87、2015 年

第Ⅲ部

ビジネスモデル

企業のマネジメントの中で、収益を上げる具体的な活動を行うのがマネジメントモデルである。ここでは、効率的に収益を上げるビジネスモデルを具体例を挙げて解説する。

第8章 ビジネスモデル

本章では、マネジメントモデルの具体的オペレーションであるビジネスモデルについて解説する。マネジメントモデルは、コーポレイトを運営する際のモデルであるビジネスモデルは事業そのものを展開する際、営業からアフターサービスまでの職能別組織をどのように構築し、運営するかが事業の成否を決める大事な活動になる。このビジネスモデルが顧客価値を創造し、企業に収益をもたらす。すなわちビジネスモデルで収益を上げ、マネジメントモデルで企業全体を最適化し、最良な経営状態を維持・向上することになる。

なお、マネジメントスタイルは、ビジネスモデル・マネジメントモデルを運用するための考え方を明確にしている。

8.1 ビジネスモデルとは

ビジネスモデルの定義は学者によって諸説があり、統一はされてない。本章では、世界的に事例がたくさん出版されているアレックス・オスターワルダー＆イヴ・ピニュール(2010)の定義を引用する。「ビジネスモデルとは、どのように価値を創造し、顧客に届けるかを論理的に記述したもの」とある[1]。オスターワルダーらは、ビジネスモデルを構成する要素を9つに分類して定義しており、さらに筆者が解説を加筆したものが**表8.1**である。

ここで、オスターワルダーらの定義に則って、具体的に企業を分析した文献がある[2]。この文献ではビジネスモデルを13タイプに分類し、50の企業について、改善前・改善後のビジネスモデルを比較している。この文献は最も少ない分類数でビジネスモデルを解説しているので、初学者がビジネスモデルを理

表 8.1 ビジネスモデルの構成要素

要素	定義	解説
KP(Key Partners) パートナーのネットワーク	ビジネスモデルを構築するサプライヤーとパートナーのネットワーク	ここでいうパートナーは、販売代理店や、部品製造メーカーを指す
KA(Key Activities) 主要活動	企業がビジネスモデルを実行する上で必ず行わなければならない重要な活動	企業のコアとなるプロセスで、設計、製造、販売などを指す
KR(Key Resources) リソース	ビジネスモデルの実行に必要な資産	いわゆる人、もの、金、情報を指す
VP(Value Propositions) 価値提案	価値提案の構築ブロックは、特定の顧客セグメントに向けて、価値を生み出す製品とサービス	いわゆるどんな価値を顧客に提供しているか、新幹線でいえば、安全性と旅行時間の短縮など
CR(Customer Relationships) 顧客との関係	顧客との関係の構築ブロックでは、企業が特定の顧客セグメントに対してどのような種類の関係を結ぶのか	商品を売ったら終わりか、アフターサービスをふくめて長期の関係が続くかなど
CS(Customer Segments) 顧客セグメント	企業が関わろうとする顧客グループ	ゲーム機でいえば、若者向けかなど
CH(Channels) チャネル	チャネルの構築ブロックには、顧客セグメントとどのようにコミュニケーションし、価値を届けるか	顧客と対面で接しているか、インターネットなどでつながっているか
C$(Cost Structure) コスト構造	ビジネスモデルを運営するにあたって発生するすべてのコスト	ビジネスで発生するすべての金銭的な負担
R$(Revenue Streams) 収益の流れ	収益の流れの構築ブロックは、企業が顧客セグメントから生み出す現金の流れ	販売代金、サービス料、補修部品代など

解するには最適と考えることができる。しかも実在の企業を題材にしているので、読者は企業活動の具体的なイメージをもつことができる。本書を一読後、ビジネスモデルに興味がわいた読者は継続して最新の出版物を参照するとよい。なお、最近の事例はDXの推進とともに数を増やしている。したがって、ここ

で解説する 13 タイプは基本と考えるとよい。

ビジネスモデルの 13 タイプは、

① マス・カスタマイゼーション
② ジレットモデルの応用
③ サービス型への転換
④ 顧客の転換(B から C へ)
⑤ 顧客の再定義
⑥ 価値提案の削減による差別化
⑦ バリューチェーンの拡大
⑧ 自己強化ループ
⑨ バリューチェーンの縮小
⑩ 顧客の転換(C から B へ)
⑪ 固定費の変動費化
⑫ 属人性の排除
⑬ 裁定取引の応用

である。**表 8.2** にビジネスモデルの 13 タイプとこのビジネスモデルを採用している企業名の一例を示す。この表は、文献[2]をもとに後述する製造業でよく使われるビジネスモデルの順番で、編集し直したものである。

ビジネスモデルの一例として、オスターワルダーの提唱したビジネスモデルの 9 つの要素に準じて、ある自動車部品メーカーの新旧ビジネスモデルを比較して解説する。ビジネスモデルとしては、⑧自己強化ループになる。

図 8.1 に、自動車部品メーカーについて、以前のビジネスモデル例を示す。

図 8.1 より、自動車部品メーカーは自動車部品メーカーが決めた仕様と図面で、いかに品質がよく安い部品を大量に製造できるかがポイントであった。部品を売り切ってビジネスは完結し、付加価値の低いビジネスであった。この時点では、何の特徴もない単なるオペレーションを記述したもので、特別な名称がつくビジネスモデルとはいえない。

しかし、この実在するモデル企業では品質マネジメント活動を続けており、

表 8.2　ビジネスモデルの 13 タイプ

ビジネスモデル	解説	代表的な企業
マス・カスタマイゼーション	顧客へのダイレクト販売、地域密着などの方法で、顧客に合わせた製品を大量に製造販売するモデル	デル、サムスン電子、トヨタ自動車、キーエンス
ジレットモデルの応用	製品本体は安くして市場に普及させ、消耗品などで儲けるモデル	ネスレ、グリコ、Apple
サービス型への転換	製品を売っておしまいの売り切りビジネスから、製品はリースなどの方法で売りやすくし、製品を中心とした周辺のサービスで設けるビジネス	ゼロックス、ブリジストン、アシックス、ヒルティ、GE（航空機エンジン事業）、GE（ヘルスケア事業）、パーク24、コマツ、日立製作所
顧客の転換（B から C へ）	顧客を事業者（Business）から個人（Customer）にシフトするビジネス	スルガ銀行、日本ゴア、インテル、ライクラ、エーザイ、ベネッセ
顧客の再定義	直接の顧客だけを顧客とするのではなく、顧客に関連する周辺にいる人たちまで拡大するビジネス	青梅慶友病院、フランスベッド
価値提案の削減による差別化	不要な価値提案を極力削減し、低価格のサービス提供を実現するビジネス	サウスウエスト航空、QB ハウス、カーブス、西松屋、ユニクロ、スーパーホテル、ヤマハ
バリューチェーンの拡大	これまでの自社のビジネスの枠を広げて、ビジネスを拡大するモデルである。小売業だが、競合他社の商品を扱う	アスクル、WOWOW、ZARA、ヤフー、電通
自己強化ループ	ビジネスへの投資を繰り返して、自社のビジネスをどんどん強化していくモデルである	Amazon、キンドル、ヤマト運輸、Facebook、Google、YKK、ジョンソン・エンド・ジョンソン
バリューチェーンの縮小	通常のビジネスでは、考えられないような業務範囲を省き、その分をポイントとなる業務に集中投資する	セブン銀行
顧客の転換（C から B へ）	顧客を個人（Customer）から事業者（Business）にシフトする	ガリバー、トランスファーカー、星野リゾート、楽天バスサービス
固定費の変動費化	従来は固定的に扱われていた料金体系を、使った分に課金する従量課金にする	ソニー損保、リブセンス
属人性の排除	専門的な職人のノウハウに頼るビジネスから、ビジネスを徹底的に標準化し、属人性を排除する	劇団四季、スタジオアリス、ブックオフ
裁定取引の応用	金融の裁定取引（金利、価格差で儲ける仕組み）をビジネスに応用する	ジー・プラン、スター・マイカ

KP(パートナー)	KA(主要活動)	VP(価値提案)	CR(顧客との関係)	CS(顧客セグメント)
製造協力会社	開発・製造・物流	品質がよく、安い部品	売り切り	自動車アッセンブリーメーカー
	KR(リソース)		CH(チャネル)	
	生産設備 技能の高い人材		直販	
C$(コスト構造)		R$(収益の流れ)		
製造コスト		売上		

図 8.1　自動車部品メーカーのこれまでのビジネスモデル

自社の旧ビジネスモデルの弱点を改善し(例：売り切りビジネスから共同開発へ、部品単品受注から複数部品を集めたユニットとしての受注など)、新たな付加価値の高いビジネスモデルに移行した。このようなやり方をビジネスモデルでは自己強化ループと呼んでいる。なお自己強化ループでは、技術開発、人材育成などに投資が伴う。すなわち、旧ビジネスモデルのいくつかの弱点を認識し、さまざまな改善を続けることによって、付加価値の高いビジネスモデルを構築していくのである。それらの改善活動そのものと、完成した新しいビジネスモデルとを合わせて自己強化ループと呼ぶ。このビジネスモデルは、品質マネジメントの方針管理・日常管理による改善活動とも非常に親和性が高い。完成した新しいビジネスモデルを**図 8.2** に示す。

最近の自動車部品メーカーは、自動車メーカーとの共同開発に舵を切っており、付加価値の高いビジネスモデルに変化してきている。

この自己強化ループにおける新旧ビジネスモデルの一番の違いは、CR すなわち顧客との関係性が強化されたことで、営業、研究、開発の機能が強化されている点である。具体的には、部品単品を受注するビジネスからユニット開発

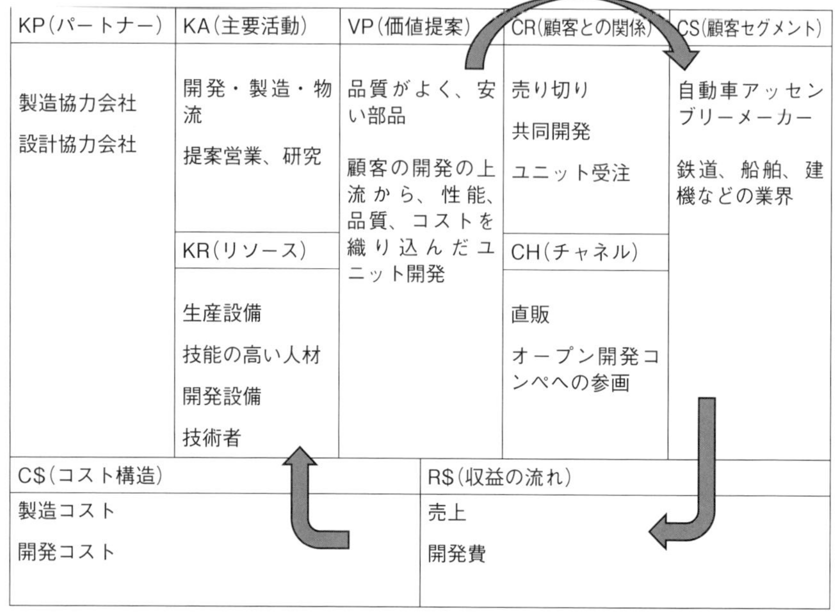

図 8.2　自動車部品メーカーの最近のビジネスモデル

に移行することと、顧客の開発プロセスの上流から参画することで、顧客との関係性をより強く、収益を安定的に上げ、リソースへの投資が可能になるのである。すなわち自己強化ループという改善活動を含むビジネスモデルによって、自動車部品メーカーの体質が強化されていることがわかる。なおこのビジネスモデルは、前出のオティックス社をモデルにしている。

次に 11 社のビジネスモデルを選択し解説する。経営学の分野では、これらのビジネスモデルのいくつかは、経営戦略、マーケティングの手法、経営のスタイルとして紹介している。本書では、本章までにこれらの内容を解説しているので、これまで解説してきた内容を企業の具体的なビジネスモデルとして解説することとする。

以下、本書で取り上げるマネジメントの７つの課題と８つのビジネスモデル、12 の企業事例を本章で解説する。

(1)　商品の販売ロットが小さくても売上・利益を上げたい
　　ロングテール・モデル　(Amazon の取組み)
(2)　市場競争において競合に市場を奪われない
　　ドミナント・モデル　(セブンイレブンの取組み)
(3)　製品販売において価格競争に巻き込れながらも、収益を安定させる
　　ジレットモデルの応用　(キヤノンの取組み)
　　　　　　　　　　　　(ネスプレッソの取組み)
　　サービス型への転換　(GE ヘルスケアの取組み)
(4)　顧客に新しい価値を訴求する
　　顧客価値の創造モデル　(コマツの取組み)
(5)　競合からシェア No.1 を勝ち取る
　　強弱逆転モデルと E コマース・モデル
　　(アスクルの取組み)
(6)　顧客志向の開発とコストダウンを両立する
　　マス・カスタマイゼーション　(トヨタ自動車の取組み)
(7)　ビジネスの弱点を強化する
　　自己強化ループ　(GAFA の取組み)

8.2　商品の販売ロットが小さくても売上・利益を上げたいビジネスモデル：ロングテール・モデル

本節ではウォルマート、コストコなどの小売業を相手に、Amazon がどのように巨大な企業に育ったかを解説する。さまざまな理由があるが、市場開拓した市場でいかに売上・利益を上げるかという課題に対応するため、ビジネスモデルとしてロングテール・モデルを採用したことが大きい。 この点について解説する[3]。

8.2.1　アメリカの小売業界の現状

海外の小売業界から、2020 ～ 2023 年度売上の上位 3 社のウォルマート、

Amazon、コストコを取り上げ、財務分析を行った[4]。ただし、財務分析に用いたのは無料で公開されている簡単なデータで、どこまでできるかとの心配もあったが、Amazonのロングテール・モデルとウォルマート、コストコの昔ながらの80：20のマーケティングモデル、すなわちパレート・モデルであり、好対照なので分析することとした。Yahooの検索サイトからデータをダウンロードし、売上、総資産、営業利益について財務分析を実施した[5]。

売上の推移データは、**表8.3**、**図8.3**のとおりである。

表8.3　売上の推移データ

（千USD）

年度	Amazon	ウォルマート	コストコ
2020年度	280,522,000	523,964,000	152,703,000
2021年度	386,064,000	559,151,000	166,761,000
2022年度	469,822,000	572,754,000	195,929,000
2023年度	513,983,000	611,289,000	226,954,000

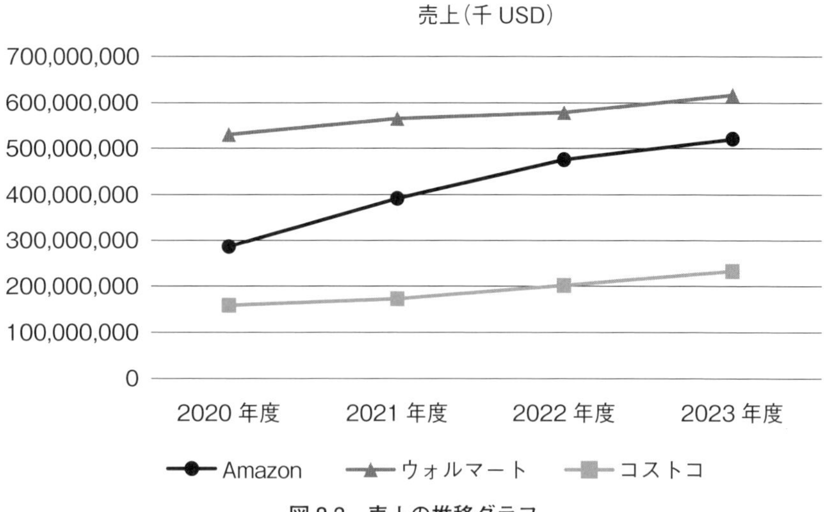

図8.3　売上の推移グラフ

売上に関しては、3社とも伸びているが、特にAmazonの伸びが大きい。総資産の推移を**表8.4**、**図8.4**に示す。

これらから、Amazonは総資産を顕著に増やしていることがわかり、物流センター、AWSのデータセンターなどに投資していると考えられる。Amazonは、創業者のジェフ・ベゾスが述べているように、営業キャッシュフローと投資キャッシュフローの合計のフリーキャッシュフローを重視している。すなわち、営業で稼いだキャッシュはすぐに投資に回す方針といえる。したがって、総資産が年々増えていることがわかる[6]。

表8.4　総資産の推移

年度	Amazon	ウォルマート	コストコ
2020年度	225,248,000	236,495,000	45,400,000
2021年度	321,195,000	252,496,000	55,556,000
2022年度	420,549,000	244,860,000	59,268,000
2023年度	462,675,000	243,197,000	64,166,000

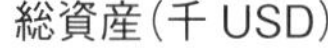

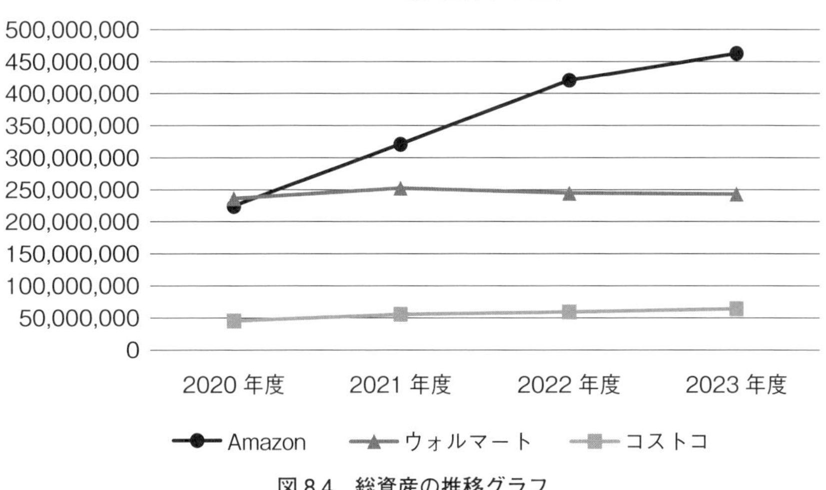

図8.4　総資産の推移グラフ

表 8.5 営業利益の推移

年度	Amazon	ウォルマート	コストコ
2020 年度	14,541,000	20,568,000	4,737,000
2021 年度	22,899,000	22,548,000	5,435,000
2022 年度	24,879,000	25,942,000	6,708,000
2023 年度	12,248,000	20,428,000	7,793,000

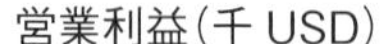

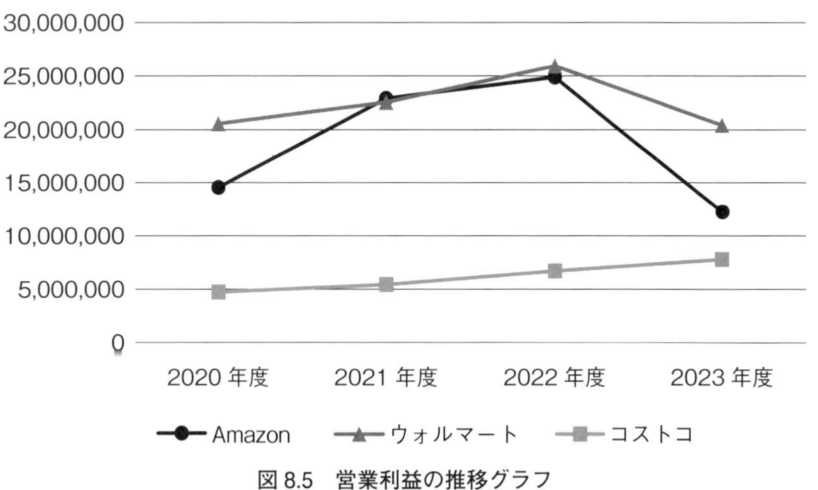

図 8.5 営業利益の推移グラフ

営業利益の推移は、**表 8.5**、**図 8.5** になる。

Amazon は、利益ではなくフリーキャッシュフローを重視した経営を行っているので、営業利益は、売上が大きいわりに 2 社より多いわけではない。

8.2.2 ロングテール・モデル

Amazon は、1994 年 7 月にジェフ・ベゾスが構築した世界最大の通販サイトである。情報システムとしては、普通の通販システムである。しかし、最初は書籍からはじまって、今や野菜まで売っており、扱っていないものはないかのように商品群を増やしている。しかし、Amazon は出店する店には厳しく、Amazon の契約に従えない店は、すぐ退店させられる。この辺がビジネスライクである。インターネットが台頭する前、つまりリアル店舗(実店舗)を構えて商品を販売するしかなかった時代は、少数の人気商品・売れ筋商品に特化して大量に販売し、売上の大部分を確保する販売戦略が常識だった。上位 20% に過ぎない人気商品で全体の売上の 80% を稼ぎ出すことから、「20 対 80 の法則」と呼ばれている(法則を発見した経済学者の名前を取って「パレートの法則」とも呼ばれている)[3]。

一方、ロングテール・モデルは下位 80% の商品で利益を出す戦略であり、E コマース(Electronic Commerce)と連動して効果を発揮する(**図 8.6**)。顧客側と出店者側から E コマースのそれぞれのメリット、デメリットを整理すると次のようになる。

顧客のメリット：

① 24 時間、365 日ショッピングができる。

② 検索機能で、簡単に商品を探し出すことできる。

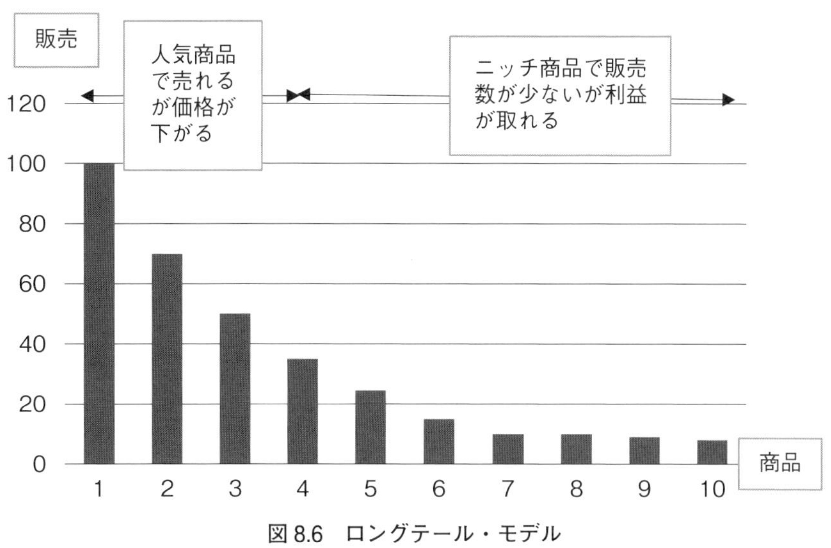

図 8.6　ロングテール・モデル

③　他サイトと商品の価格を比較することができる。

④　商品を自宅まで配送してもらえる。

⑤　代金決済が自動でできる。

⑥　店や商品の評価ができ、また評価を見ることができる。

顧客のデメリット：

①　Web ページの画像や文字情報を頼りに商品を購入しなければならない。

出店者側のメリット：

①　実店舗に比べ、出店料が安い。

②　商品在庫を少なくできる。

③　ダイレクトメールの経費が安い。

④　広告宣伝費が安い。

⑤　店の模様替えは、Web ページの修正でできる。

⑥　顧客のよい評価が宣伝になる。

出店者側のデメリット：

①　ショッピングモール上でオープンプライスなので、価格競争が激しい。

②　クレーマーに誹謗中傷を受けることがある。

③　インターネットの活用やホームページの作成、修正に専門のスキルがいる。

主だった特徴を列挙したが、明らかにメリットがデメリットを上回っている。したがって、さらなる市場の伸びが期待できる[7]。

Amazon のビジネスモデルは**図 8.7** になる。EC サイトの運営だけでなく、自社のソフトウェア AWS を外販してサービス収入を得たり、さまざまなコンテンツを無料で観ることができるといった特典を得られる Amazon prime を導入し、会費収入を得るようになってきた。

<table>
<tr><th>KP（パートナー）</th><th>KA（主要活動）</th><th>VP（価値提案）</th><th>CR（顧客との関係）</th><th>CS（顧客セグメント）</th></tr>
<tr><td rowspan="3">宅配業者
カード会社
取次店</td><td>サイト運営管理</td><td rowspan="3">利便性
取り扱い商品の多さ
多くの利用者による販売機会</td><td>Amazon prime による囲い込み</td><td rowspan="3">一般ユーザー（購入者）
出品者
一般企業</td></tr>
<tr><td>KR（リソース）</td><td>CH（チャネル）</td></tr>
<tr><td>ユーザー数
物流センター</td><td>インターネット</td></tr>
<tr><th colspan="2">C$（コスト構造）</th><th colspan="3">R$（収益の流れ）</th></tr>
<tr><td colspan="2">委託費用
サイト運営管理費</td><td colspan="3">販売益　AWS の外販
出店収入
販売収入　会費収入</td></tr>
</table>

図 8.7　Amazon のビジネスモデル[2]

8.3　市場競争において競合に市場を奪われないビジネスモデル：ドミナント・モデル

8.3.1　コンビニ業界

コンビニ大手3社からセブンイレブン、ファミリーマート（以下、ファミマ）、ローソンを選び財務分析を行う。なおファミリーマートは2020年から上場廃止したので、ネットで財務情報を取得した[8][9][10]。

3社の売上の推移を**表 8.6**、**図 8.8** に示す。

売上データから、セブンイレブンの一人勝ち状態で、ローソンは微増、ファミマは売上を落としていることがわかる。

当期純利益の推移を**表 8.7**、**図 8.9** に示す。

当期純利益データから、セブンイレブンの順調に利益を伸ばしており、ローソンは微増、ファミマは赤字に転落し、変動が激しいことがわかる。

表 8.6　売上の推移(百万円)

決算	セブンイレブン	ファミマ	ローソン
2019 年	6,791,215	617,174	700,647
2020 年	6,644,359	517,060	730,236
2021 年	5,766,718	473,359	666,001
2022 年	8,749,752	451,461	943,206
2023 年	11,811,303	461,495	1,000,385

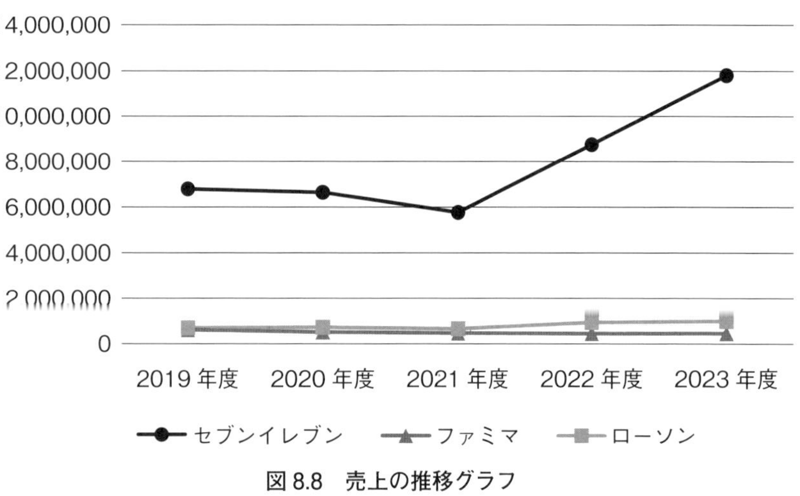

図 8.8　売上の推移グラフ

表 8.7　当期純利益の推移(百万円)

決算	セブンイレブン	ファミマ	ローソン
2019 年	203,004	45,370	25,585
2020 年	218,186	43,529	20,108
2021 年	179,263	− 16,477	8,690
2022 年	210,775	90,259	22,626
2023 年	280,977	34,361	29,707

総資産の推移を**表 8.8**、**図 8.10** に示す。

総資産のデータから、セブンイレブンの順調に資産を増やしており、ローソンは微増、ファミマは 2020 年をピークに資産を落としていることがわかる。

ドミナント・モデルを徹底しているセブンイレブンは、ローソン、ファミマに比べて売上、当期純利益、総資産のすべてで上回っており、かつ成長していることがグラフからわかる。

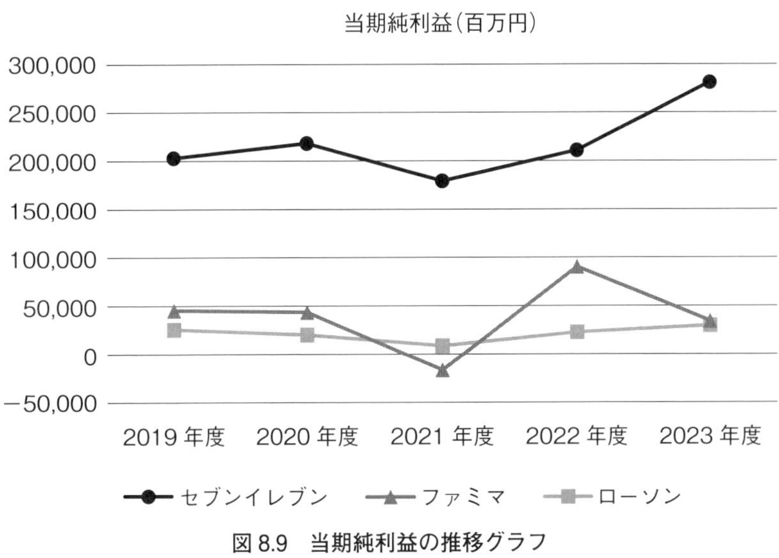

図 8.9　当期純利益の推移グラフ

表 8.8　総資産の推移(百万円)

決算	セブンイレブン	ファミマ	ローソン
2019 年	5,795,065	1,372,117	1,342,329
2020 年	5,996,887	1,976,116	1,357,732
2021 年	6,946,832	1,896,269	1,365,430
2022 年	8,739,279	1,606,167	2,144,778
2023 年	10,550,956	1,651,095	2,242,421

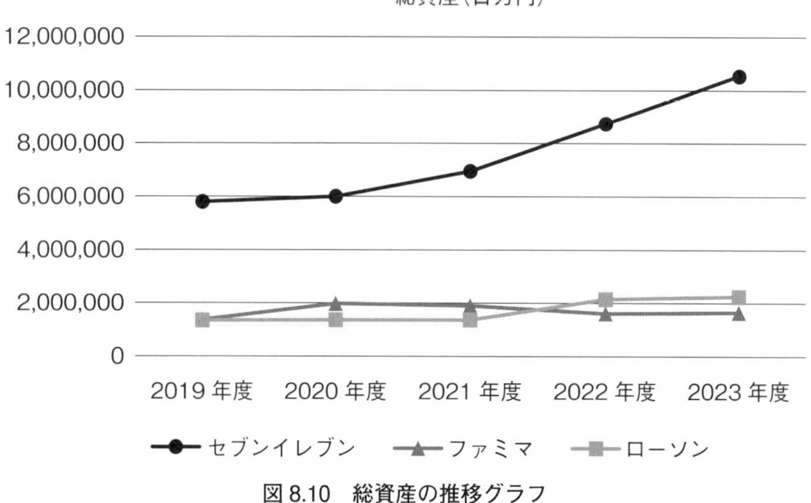

図 8.10 総資産の推移グラフ

8.3.2 ドミナント・モデル

特定の地域に集中出店し、顧客を独占するやり方である。コンビニ業界では、半径数百メーターに数店舗出店し、他のコンビニチェーンが入らないようにしている。上位2社のセブンイレブンとファミマは、明らかにドミナント・モデルを採用していると考えられるが、先の財務分析の結果からするとセブンイレブンのほうがはるかに高い業績を上げていることがわかる。コンビニのビジネスは、出店とともに取り扱う品数を増やしたり入れ替えたりして、売上と利益を増やすビジネスと考えられる。ドミナント・モデルはコンビニのビジネスに最も適したビジネスモデルともいえる。

首都圏の駅周辺に、セブンイレブンがあるとファミマがないし、逆のケースもある。2大コンビニチェーンがしのぎを削っている業界の構図である。ローソンは、そのような地域を避けて出店しており、1店舗1店舗の売上・利益を確保しているように伺える。**図 8.11** にセブンイレブンのドミナント・モデルを示す。

KP(パートナー)	KA(主要活動)	VP(価値提案)	CR(顧客との関係)	CS(顧客セグメント)
フランチャイジー	店舗販売	近くて便利 取り扱い商品の多さ	ドミナント・モデルによる囲い込み	一般ユーザー
	KR(リソース)		CH(チャネル)	
	食品工場 物流センター		対面販売	
C$(コスト構造)		R$(収益の流れ)		
商品仕入れ費 店舗運営管理費		販売益 ロイヤリティ		

図 8.11　ドミナント・モデル

ただし、ドミナント・モデルはフランチャイズ店からの反発もある。同じコンビニチェーン同士で顧客を奪い合うことになりかねない。このような問題もあるが、コンビニチェーン本体には影響が少ないので、大手コンビニチェーンはこのドミナント・モデルを採用することになる。ドミナント・モデルのもう1つのメリットは、集中出店しているので物流が効率化できることである。

8.4　製品販売において価格競争に巻き込まれながらも、収益を安定させる　ビジネスモデル：ジレットモデルの応用

製品の販売だけの収益では、お客様に買いたたかれると利益は薄くなる。したがって、製品をお客様に購入していただいた後も収益が得られる工夫が必要になる。そこでジレットモデルの応用というビジネスモデルを理解しておく必要がある。ジレットモデルの応用とは、商品そのものだけではなく、それらに必要となる消耗品で儲けるビジネスモデルである。OA 業界のキヤノン、飲料

業界のネスレ、さらに似たようなビジネスモデルで、医療機器業界のGEヘルスケアの例を解説する。

8.4.1　OA機器業界の現状

2021年のOA機器業界において、複写機は販売台数・金額ともに減少し、販売台数は前年比5.1％減、販売金額は前年比7.2％減であった。2016年から2021年にかけて複写機の売上は減少傾向にある。

一方、家庭用プリンターにおいて前年の新型コロナによるテレワーク需要の反動で売上減が見られた。部品不足や物流停滞、テレワーク解消が想定より押したこともあり、全体ではプリンターの販売台数、インクカートリッジともに需要が減少した。国内のOA機器業界は、家庭用複合機ではキヤノンとセイコーエプソンが、業務用複合機では、キヤノン、リコー、富士フイルムHD、セイコーエプソンがシェア争いをいる。OA機器業界では、プリンターの出荷台数が縮小傾向にある。長期的に見ても、スマートフォンやクラウドの普及によりペーパーレス化の動きが進んでいる。複写機やプリンターそのものの需要が減るなど、OA機器業界にとっては厳しい状況が続いている[11]。

8.4.2　OA業界の財務分析

OA業界から、キヤノン、エプソン、ブラザー工業、リコーの4社の財務分析を行った。2019年～2023年の5年分で20組のデータである[12]。

企業別売上のデータのヒストグラムを**図8.12**に示す。

売上は、キヤノン、リコー、エプソン、ブラザーの順であるが、圧倒的にキヤノンの売上が突出している。その要因を探るべく、売上を目的変数に、ROAなど二十数種類のKPIとの関係性を機械学習による回帰分析の一つであるLassoで解析したところ、固定長期適合率、売上高に占める設備投資比率、売上高に占める研究開発投資比率の3つのKPIが抽出された。これらを重回帰分析で解析した結果が、**表8.9**である。

固定長期適合率、研究開発投資対売上比、設備投資対売上比の企業別ヒスト

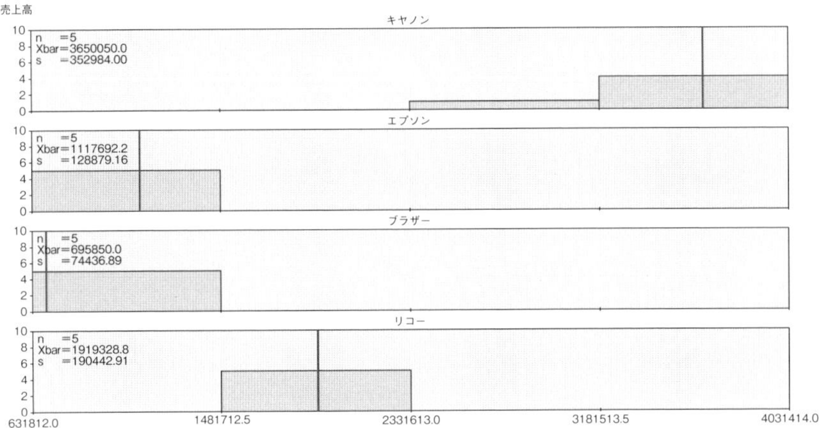

図 8.12　企業別売上ヒストグラム(百万円)

表 8.9　重回帰分析の結果

	目的変数名	重相関係数	寄与率 R^2	R*^2	R**^2	
	売上高	0.928	0.86	0.834	0.81	
		残差自由度	残差標準偏差			
		16	479081.34			
vNo	説明変数名	分散比	P 値(上側)	偏回帰係数	標準偏回帰	トレランス
0	定数項	1.1684	0.296	− 701253.651		
39	固定長期適合率	36.0036	0	4399118.405	0.657	0.727
49	研究開発投資対売上比	3.4178	0.083	− 2859480.559	− 0.226	0.585
50	設備投資対売上比	3.7824	0.07	− 4700857.121	− 0.225	0.655

グラムを示すと、**図 8.13** となる。

固定長期適合率は、固定資産すなわち設備、建物などの資産が固定負債と自己資本で賄われている割合である。したがって、この値が高いということは、キヤノンは自己資本を中心に固定資産を調達しており(自己資本比率 60%)、固定負債が総資産に占める割合が 7%ほどしかない。すなわち、キヤノンは、他の 3 社と財務の常識(固定長期適合率は低いほうがよい)どおりの資産形成をしているといえる。

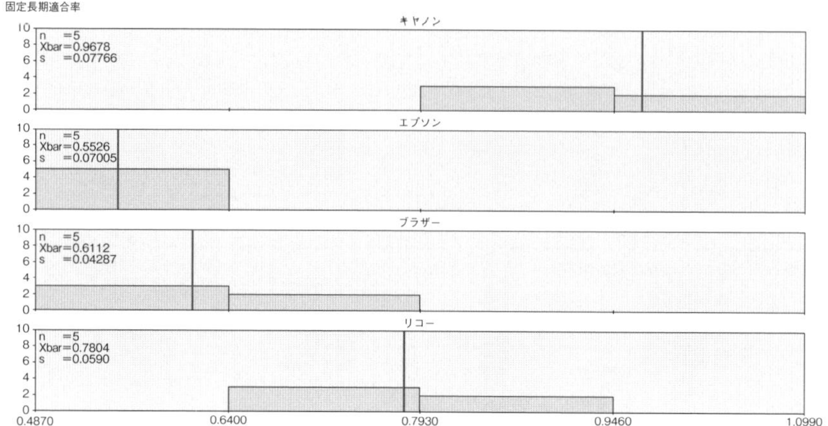

図 8.13 固定長期適合率

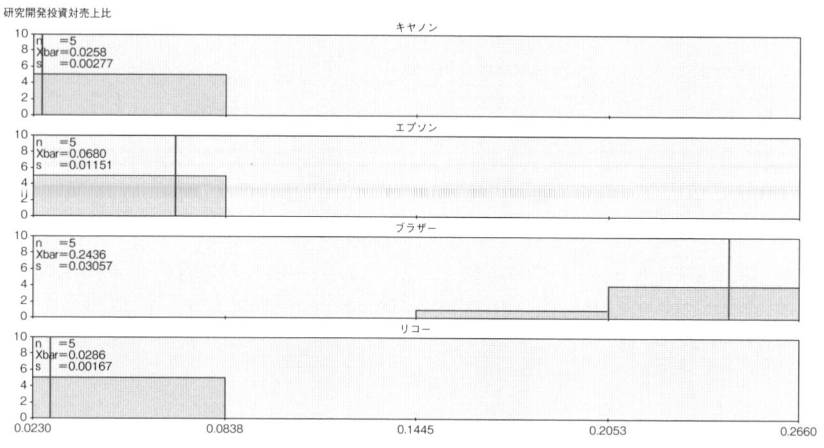

図 8.14 研究開発投資対売上比

設備投資、研究開発投資に関しては、キヤノンは特異な傾向を示している。**図 8.14** および**図 8.15** から、売上に対する研究開発投資、設備投資がさほど大きくないことがわかる。一般的には、研究開発投資、設備投資に積極的な企業は、市場での人気が高く、時価総額も高い。しかし、キヤノンはまったく逆の財務の方策をとっているが、売上、利益ともに4社の中で1番高い。したがっ

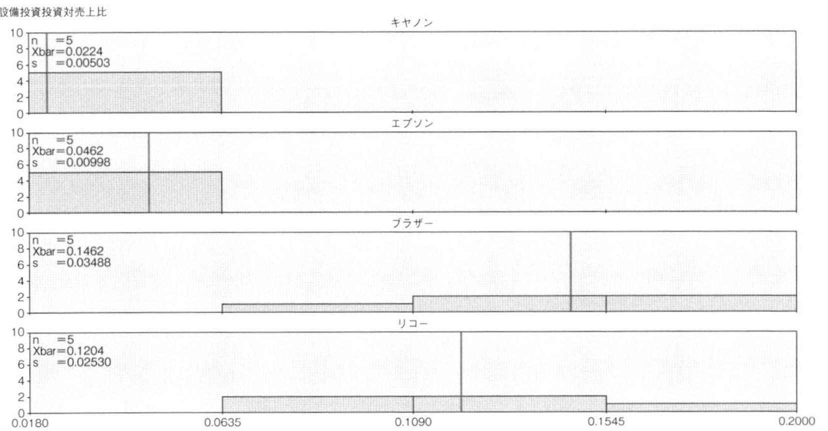

図 8.15　設備投資対売上比

て、必要な投資額を絞って効率よく投資しているとも考えられる。

さて、キヤノンのビジネスモデルを**図 8.16** に示す。上記の 4 社とも、このビジネスモデルを採用している。

キヤノンなどのインクジェットプリンターにおける、インクカートリッジについて考える。家庭用インクジェットプリンターは 2 万円代で購入できるが、純正インクカートリッジのセットは 3,000 円～ 5,000 円する。セットで 4 ～ 5 回インクを交換したらプリンター本体が買える程度の価格である。つまり、本体で欲張らず消耗品で儲ける、うまいビジネスモデルと考えられる。このビジネスモデルは、ジレットモデルの応用という。ただしこのビジネスモデルについては、互換性のあるインクカートリッジを製造・販売するメーカーが出現しており、各社ともその対応に苦慮している。

8.4.3　ジレットモデルの応用

ネスレは、食品を中心としたグローバル企業である。詳細は**第 3 章**で解説している[13]日本ネスレはネスレの海外拠点の一つで、またネスプレッソはネスレの商品の一つのブランドである。ネスプレッソのビジネスモデルはジレット

KP(パートナー)	KA(主要活動)	VP(価値提案)	CR(顧客との関係)	CS(顧客セグメント)
インクメーカー	製造 販売	自宅で、安く簡単に印刷したい	プリンターのような売り切りの関係でなく、インクカートリッジ販売による継続的な関係	自宅で手軽に印刷したい (PC からのプリントアウト、写真の印刷)
	KR(リソース)		CH(チャネル)	
	独自技術 ブランド		販売店 TV インターネット	
C$(コスト構造)		R$(収益の流れ)		
製造費 販売費		プリンターの販売益 利益率が高く、インクカートリッジの販売益		

図 8.16　キヤノンのビジネスモデル

モデルの応用にあたる、**図 8.17** にあるように、**本体よりも消耗品で儲けるビジネスモデルである**。構造は前述のインクジェットプリンターと同じであり、ネスプレッソのコーヒーカートリッジの例で解説する。ネスプレッソのコーヒーサーバーは、1台1～5万円で購入できる。コーヒーを飲む際に消費するコーヒーカプセルは、40 杯分で 3,000 円くらいである。コーヒーサーバーは一度購入すると長く使えるが、コーヒーはほぼ毎日飲むと考えられ、その度にコーヒーカプセルが消費される。うまく考えているビジネスモデルである。なにより、インスタントコーヒーによる売り切りの関係ではなく、補充用のコーヒーカプセルの販売による顧客との継続的な関係を築いている。しかも、インスタントコーヒーではなく薫り高い高級なコーヒーを飲みたいという顧客の要望に応えている。図 8.17 にビジネスモデルを示す。なおこの図は文献[2]に加筆修正したものである。

ここで、ジレットモデルの応用に類似するビジネスモデルがあるので同時に

<table>
<tr><td>KP(パートナー)</td><td>KA(主要活動)</td><td>VP(価値提案)</td><td>CR(顧客との関係)</td><td>CS(顧客セグメント)</td></tr>
<tr><td rowspan="3"></td><td>製造
販売
店舗運営</td><td rowspan="3">インスタントコーヒーではなく、手軽に自宅で上質な淹れたてコーヒーが飲める</td><td>インスタントコーヒーのような売り切りの関係でなく、コーヒーカプセル販売による継続的な関係

会員</td><td rowspan="3">コーヒー愛好者(淹れたてのコーヒーの香りと味を楽しみたい)</td></tr>
<tr><td>KR(リソース)</td><td>CH(チャネル)</td></tr>
<tr><td>独自技術
ブランド</td><td>直販店
TV
インターネット</td></tr>
<tr><td colspan="2">C$(コスト構造)</td><td colspan="3">R$(収益の流れ)</td></tr>
<tr><td colspan="2">製造費
販売費
店舗運営費</td><td colspan="3">コーヒーマシン販売益
利益率が高く、継続的なコーヒーカプセル販売益</td></tr>
</table>

図 8.17 ネスプレッソによるジレットモデルの応用

解説する。

8.4.4 サービス型への転換

サービス型への転換を採用する製造業は多い。中でも GE のヘルスケア事業部門は、CT スキャナーや MRI の売り切りビジネスを展開していた。しかし、故障などが発生すると患者の生命にかかわるし、訴訟リスクもある。そこで、装置の遠隔監視・メンテナンスをできるようにした。こうした契約は長期的に安定した収入を確保することができるという収益上のメリットもある。**図 8.18** にビジネスモデルを示す。なおこの図は文献[2]に加筆修正したものである。

キヤノンやネスプレッソのように消耗品を売るジレットモデル型のビジネスは顧客にとってその内容やメリットは理解しやすいが、保守サービスを売るビジネスは、顧客にその有効性が浸透するまで時間がかかる。しかし、一旦顧客

<table>
<tr><td>KP(パートナー)</td><td>KA(主要活動)</td><td>VP(価値提案)</td><td>CR(顧客との関係)</td><td>CS(顧客セグメント)</td></tr>
<tr><td rowspan="3"></td><td>開発・製造・販売
メンテナンス
サポートサービス</td><td rowspan="3">CT スキャナーや MRI の売り切りビジネスから、**安定的利用への転換**
病院内のあらゆる医療機器のサポートサービス</td><td>**遠隔メンテナンス、サポートサービスによる長期サービス契約への転換**</td><td rowspan="3">病院</td></tr>
<tr><td>KR(リソース)</td><td>CH(チャネル)</td></tr>
<tr><td>専門技術</td><td>営業</td></tr>
<tr><td colspan="3">C$(コスト構造)</td><td colspan="2">R$(収益の流れ)</td></tr>
<tr><td colspan="3">開発・製造・販売費
メンテナンス費
サポート・サービス費</td><td colspan="2">ハード販売益
長期的なサービス販売益</td></tr>
</table>

太字：新しい要素

図 8.18　GE(ヘルスケア事業)によるサービス型への変換

から信頼を得て契約できれば、長期的な安定収入が約束される。同時に、既存の顧客との信頼関係が深まり、将来のビジネスパートナーと認めてもらえれば、顧客価値の創造へとつながっていく。

なお身近なところでは、ビルのエレベーター、エスカレーターなどの保守も、DX による遠隔監視システムと定期保守を組み合わせたサービス型のビジネスモデルになっている。

次節では、ジレットモデルの応用を超えた高いレベルを実現した顧客価値の創造モデルについて解説する。

8.5　顧客に新しい価値を訴求するビジネスモデル：顧客価値の創造モデル

コマツが実現した顧客価値の創造モデルは、当初は **8.4.4 項**のサービス型への転換ではじまったものが進化したものである。顧客のビジネスプロセスに深く入り込んだビジネスモデルとして、非常に参考になる。

8.5.1 建設機械業界の動向

建設機械業界を簡単に述べると、2021 年～ 2022 年の業界規模 10.1 兆円、成長率 3.7%である。2021 年の建設機械は販売台数、金額ともに増加し、コロナ前を上回る。2021 年の土木建設機械の販売台数は、前年比 17.9%増であった[14]。

2021 年～ 2022 年の建設機械業界の動向は、国内、海外市場の需要はともに堅調であった。日本の建設機械メーカーは海外で展開する企業が多く、世界経済の動向に大きく左右される。近年の建設機械業界は、中国と北米での住宅やインフラ需要が拡大し、それに伴い建設機械メーカー各社も過去最高の売上高を記録した。

一方、中国メーカーの台頭に加え、2022 年に入りウクライナ危機や米国の景気後退リスクなどの影響が懸念されている。また、建設機械は鉱山で多く使用されるため、資源価格の動向も影響している。今後もこうした経済や資源の動き次第で、趨勢が変わることが予想される。

8.5.2 建設機械業の財務分析

日本の建機業界には、クボタ、コベルコなどがあるが、いずれも建機が専業ではないため、有力企業から建機を専業とするコマツと日立建機を選択し、分析対象とする。

2018 ～ 2022 年までの 5 年間の財務データ 10 組について財務分析を行う。まず、売上を比較すると**図 8.19** になる。

図 8.19 より、コマツが日立建機より売上が多いことがわかる。売上を目的変数に、ROA など二十数個の KPI について Lasso で分析すると、自己資本比率、有形固定資産回転率、平均年収(単独)(万円)の 3 つの KPI が抽出できた。これらの KPI と売上で重回帰分析にかけると**表 8.10** になった。

偏回帰係数から、自己資本比率、有形固定資産回転率、平均年収とも大きい

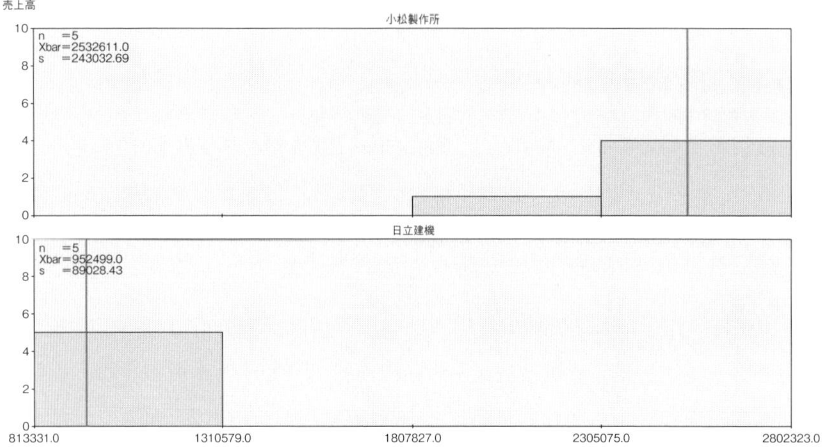

図 8.19 企業別売上ヒストグラム

表 8.10 重回帰分析

	目的変数名	重相関係数	寄与率 R^2	R*^2	R**^2	
	売上高	0.992	0.984	0.976	0.969	
		残差自由度	残差標準偏差			
		6	[illegible]			
vNo	説明変数名	分散比	P 値（上側）	偏回帰係数	標準偏回帰	トレランス
0	定数項	76.9632	0	− 8624694.681		
41	自己資本比率	139.0691	0	15162241.17	0.8	0.59
46	有形固定資産回転率	16.3822	0.007	380940.109	0.229	0.846
58	平均年収（単独）（万円）	3.7137	0.102	3207.453	0.125	0.65

値をとると、売上が上がるということがわかった。自己資本比率が高いということからは、財務的には債務が少なく財務状態が安定していることがわかる。有形固定資産回転率が高いということからは、固定資産が有効に活用されており、売上に貢献していることがわかる。平均年収が高いということからは、収益が従業員に適正に配分されていることがわかる。**図 8.20**、**図 8.21**、**図 8.22** に自己資本比率、有形固定資産回転率、平均年収のヒストグラムを示す。

いずれも、コマツが日立建機を上回っている。これら３つの KPI が売上に

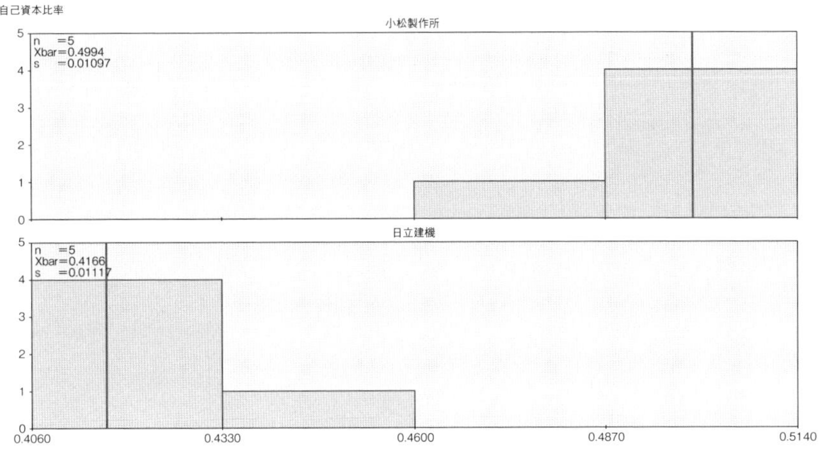

図 8.20　自己資本比率

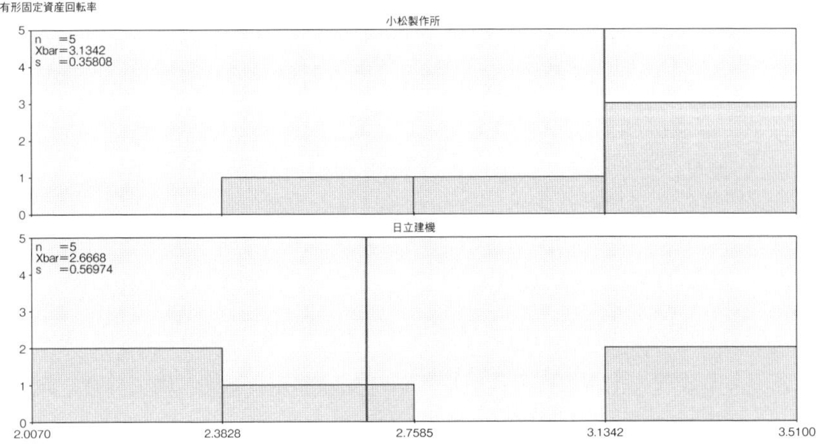

図 8.21　有形固定資産回転率

貢献していると考えられる。ただし、さらに解析精度を上げるには、企業ごとの月次決算データを5年分60組は欲しいところである。これは今後の課題としたい。

コマツのビジネスモデルは、先に解説したジレットモデルの応用ではあるが、

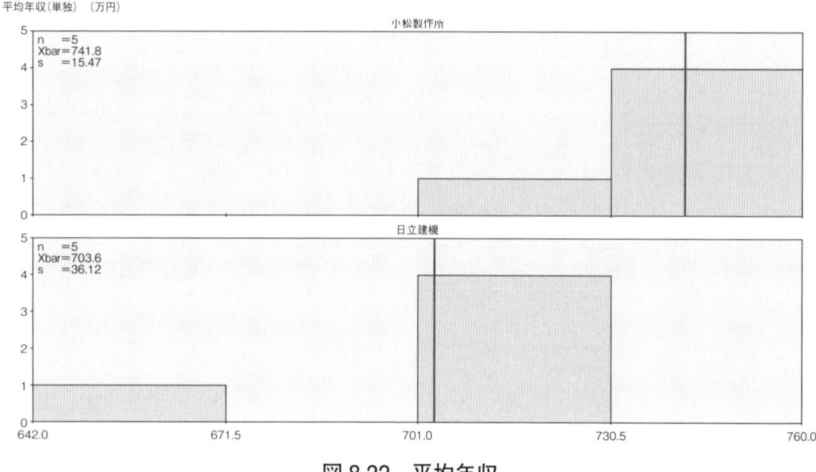

図 8.22　平均年収

サービス型への転換のレベルを超えており、顧客価値の創造モデルと呼ぶのがふさわしい。次項でこのモデルについて解説する。

8.5.3　顧客価値の創造モデル

建設機械のグローバル企業であるコマツは、スマートコンストラクション(SMART CONSTRACTION)というコンセプトでビジネスモデルを構築している[14]。ビジネスモデルとしては、サービス型への転換に分類できるが、それを超えていると考えられる。文献[2]にビジネスモデルが紹介されている。**顧客である建設・土木業者のビジネスプロセスである測量、施工計画、施工、施工の進捗管理、検査、維持更新のすべてに関わって支援するビジネスモデルである。**2013年にICTブルドーザを導入するまでは、ビジネスは、顧客の施工段階に使う建機について売り切りビジネスであったので、ビジネスモデルの大きな転換である。

新しいビジネスモデルによって、顧客との関係性が深まることによって、補修部品・メンテナンス料による長期的安定した収入の確保、顧客のビジネスモデルが効率化されることにより顧客の受注が拡大し、よりコマツへの依存度が

測量 → 施工計画 → 施工 → 施工の進捗管理 → 検査 → 維持更新

図 8.23　スマートコントラクションがカバーする領域

KP(パートナー)	KA(主要活動)	VP(価値提案)	CR(顧客との関係)	CS(顧客セグメント)
販売代理店	開発・製造・販売 **メンテナンス** **改善活動** **需要予測**	品質の高い建機 **盗難防止** **適切なメンテナンス** **正確な稼働管理** **顧客の業務プロセス全体を支援する**	**継続的な関係**	建設、鉱山、林業、産業機械を使う法人
	KR(リソース)		CH(チャネル)	
	ネットワーク ブランド 知的財産 **稼働情報**		法人営業 販売代理店 **KOMTRAX**	

C$(コスト構造)		R$(収益の流れ)
製造費 **KOMTRAX 設置費用** **ネットワーク管理費**	**SMART CONSTRACTION 開発・運営費**	販売益 **メンテナンス費**

太字：新しい要素

図 8.24　コマツのビジネスモデル

高まるといった効果が生まれてきた。この効果は、表 8.2 にあるように、GE など他企業でも実現している。**図 8.23** の領域も少しずつ拡大している。具体的には、契約書作成 AI モデルを導入し、顧客が公共工事を受注しやすいように、契約書を作成するプロセスまでカバーするようになってきている。**図 8.24** にビジネスモデルを示す。なおこの図は文献[2]を加筆修正したものである。

コマツでは、スマートコンストラクションを年々進化させており、顧客価値創造企業へと変貌している。

顧客価値の創造モデルはかなりレベルの高いビジネスモデルである。これよりは難しくないが、少し凝ったビジネスモデルが強弱逆転モデルとEコマース・モデルである。次節ではこのモデルを解説する。

8.6　競合からシェアNo.1を勝ち取る ビジネスモデル：強弱逆転モデル、Eコマース・モデル

Eコマースが普及すると、必ず従来型の実店舗販売形態とぶつかる。アメリカでは、Amazonがロングテール・モデルで実店舗販売に対抗した。日本ではアスクルが、当時業界1位のコクヨが同質化作戦が取れないことを逆手にとった。これが強弱逆転モデルとEコマース・モデルである。本節では、これらのビジネスモデルについて解説する。

8.6.1　文具業界

2021～2022年の文具業界の売上規模は、2.5兆円、成長率3.6%、利益率1.2%である。文具販売額は2020年に大幅に減少したが、2021年には前年から13%増加し、コロナ前の9割の水準に戻ってきている[11]。

堅調に推移している文具業界だが、国内では人口減少やデジタル化の促進で市場が縮小する可能性がある。こうした動向を受けて大手企業は文具以外の事業にも力を入れている。デジタルコンテンツやオフィス家具、生活用品の販売、サポート事業など文具以外での収益拡大を図っている。

文具業界では業界編成の動きも見せている。コクヨによるぺんてるの子会社化の動きや、ヤフーによるアスクルの事業譲渡の動きなどいずれも失敗に終わったが、文具業界は目まぐるしい動きを見せており、業界再編の動きにも目が離せない[11]。

8.6.2　文具業界の財務分析

文具業界は、1位のアスクル、2位の大塚商会、3位のコクヨの財務データを分析する[12]。ただし、大塚商会は、システムインテグレーション事業が全体の約62%を占めており、サービス&サポート事業が残りの38%なので、

サービス＆サポート事業の部分の売上とし、当期純利益、総資産も 38％の部分を当該項目として計上することとした。2018 ～ 2022 年の 5 年間の売上、当期純利益、総資産の推移を比較する。**表 8.11**、**図 8.25** に売上の推移を示す。

アスクルが、年度を追うごとに順調に売上を伸ばしていることがわかる。

当期純利益の推移を**表 8.12**、**図 8.26** に示す。

当期純利益はコクヨ、大塚商会、アスクルの順で、収益の側面では、アスク

表 8.11　売上推移（百万円）

決算	アスクル	コクヨ	大塚商会（サービスサポート）
2018 年度	360,445	315,155	288,751
2019 年度	387,470	320,200	336,884
2020 年度	400,376	300,644	317,803
2021 年度	422,151	320,170	323,720
2022 年度	428,517	300,929	327,188

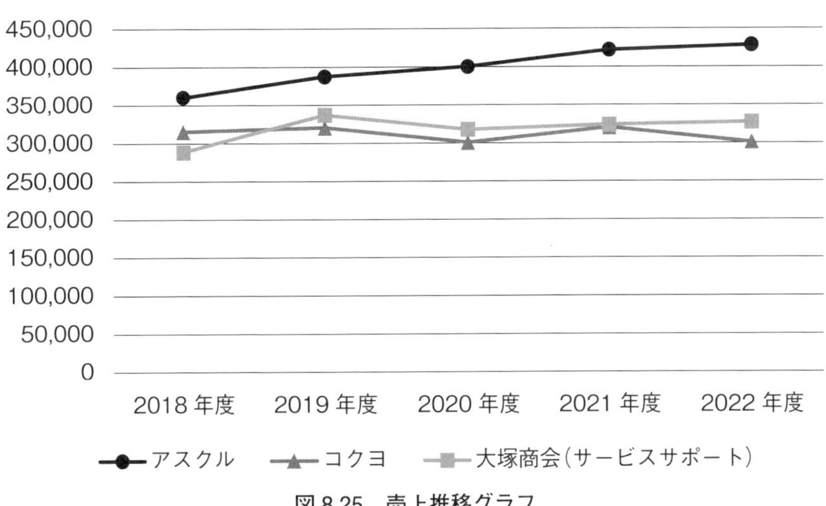

図 8.25　売上推移グラフ

表 8.12　当期純利益推移（百万円）

決算	アスクル	コクヨ	大塚商会（サービスサポート）
2018 年度	4,694	14,232	12,769
2019 年度	434	15,305	16,529
2020 年度	5,654	8,297	14,938
2021 年度	7,758	13,704	15,173
2022 年度	9,207	18,375	15,209

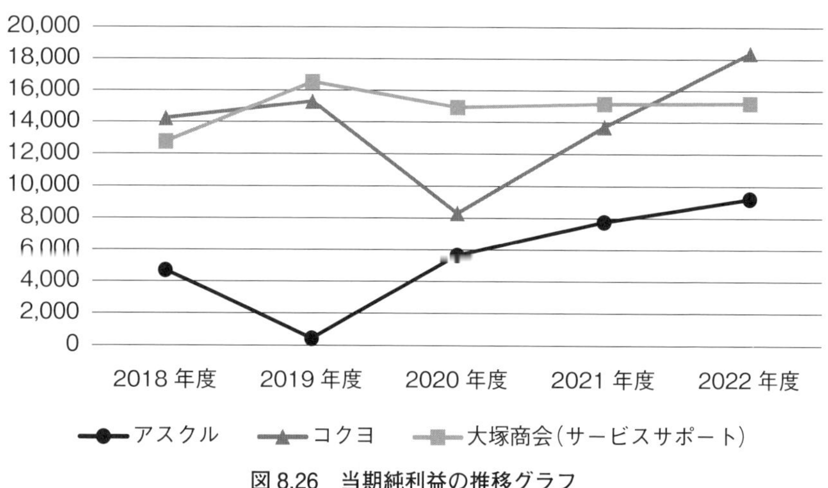

図 8.26　当期純利益の推移グラフ

ルは他の２社より落ちる。

総資産の推移を**表 8.13**、**図 8.27** に示す。

総資産は、コクヨが１位である。

以上のように、３つの財務指標で比較するとコクヨがバランスが取れており、アスクルは売上において急成長していることがわかる。

表 8.13　総資産の推移(百万円)

決算	アスクル	コクヨ	大塚商会(サービスサポート)
2018 年度	173,713	303,700	154,558
2019 年度	169,112	318,416	175,489
2020 年度	174,146	320,296	179,091
2021 年度	190,107	324,576	184,777
2022 年度	188,024	337,166	198,746

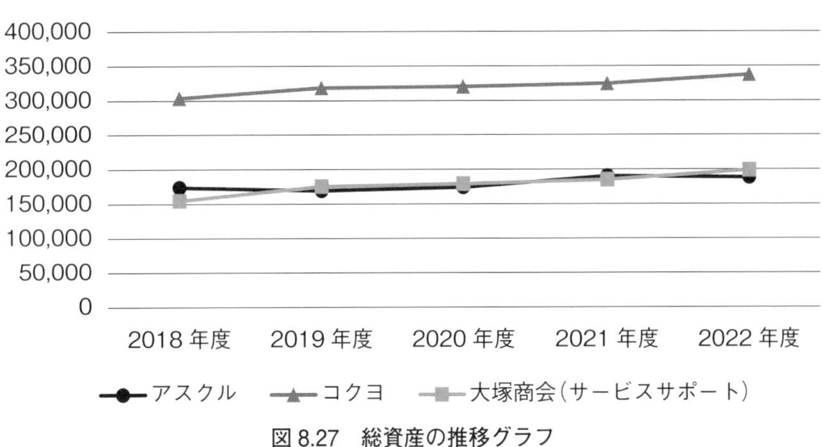

図 8.27　総資産の推移グラフ

8.6.3　強弱逆転モデルと E コマース・モデル

アスクルは、もともと事務機器メーカーであるプラスの子会社であった。業界最大手のコクヨに対抗するために、1998 年にインターネット販売を開始し、文房具が欲しい顧客に直接宅配を開始した。文字どおり、顧客が注文をすれば明日来るのである。この利便性が大当たりした。コクヨは、自社の強みである強力な代理店と小売店網が足かせとなり、アスクルに同質化作戦を仕掛けるこ

<table>
<tr><td colspan="2">KP(パートナー)</td><td colspan="2">KA(主要活動)</td><td colspan="2">VP(価値提案)</td><td colspan="2">CR(顧客との関係)</td><td colspan="2">CS(顧客セグメント)</td></tr>
<tr><td colspan="2" rowspan="3">配送業者
仕入れ先</td><td colspan="2">販売
仕入れ</td><td colspan="2" rowspan="3">豊富な商品の翌日配達
・自社の文具用品
・他社の文具用品
・文具以外の用品

利便性</td><td colspan="2">定期配達</td><td colspan="2" rowspan="3">法人
個人</td></tr>
<tr><td colspan="2">KR(リソース)</td><td colspan="2">CH(チャネル)</td></tr>
<tr><td colspan="2">流通網
コールセンター</td><td colspan="2">インターネット
カタログ
電話</td></tr>
<tr><td colspan="5">C$(コスト構造)</td><td colspan="5">R$(収益の流れ)</td></tr>
<tr><td colspan="5">配送費用
販売費
仕入れ費用</td><td colspan="5">豊富な商品の販売益</td></tr>
</table>

図 8.28　アスクルのビジネスモデル

とはできなかった[15]。

このように、流通の形態を大きく変えることで、マーケット・リーダーの強みを逆手にとって打撃を与え、うまくいけばマーケット・チャレンジャーがシェア No.1 が取れる。マーケット・リーダーは、チャレンジャーに同質化作戦で対応したいが、それをやると既存の販売店の反発が起きる。コクヨの強みである販売店網がアスクルのネット販売によって無力化されること、これが強弱逆転モデルの好例である。

強弱逆転モデルを一般化したのが、谷地(2019)である[15]。マーケット・リーダーの強みを徹底的に分析し、リーダーの強みの土俵には乗らず、もしイミテーション(同質化作戦)をしたらその強み自体を自ら否定してしまうような戦いを仕掛ける。このようなドッグファイター(マーケット・チャレンジャーのこと)の考え方を谷地は強弱逆転モデルと呼んだ。先に紹介したコクヨとアスクルの戦いにおいて、アスクルがEコマースによる売上拡大を続けているが、コクヨはEコマースに参入しづらい。これまで販売を支えてきた強力な代理店、卸業者の仕事を奪うからである。

このように競合相手の強みを使えないようにするような作戦を仕掛けることになる。既存の販売店・物流網をもたなかったアスクルだからこのビジネスモデルを選択できたともいえる。ロングテール・モデルで解説したＥコマースのメリットを最大限生かしたビジネスモデルといえる(**図8.28**)。

品質マネジメントに強弱逆転モデルと**8.2.2項**で述べたＥコマースを用いたモデルを組み込むには、大きな課題がある。それは従来の実店舗販売に参加していた、流通・小売などの協力会社の存在である。これらのモデルを選択することは、彼らの商圏を奪うことになり、市場がボーダーレスになる。この点が難しいので、このビジネスモデルを採用するのは新しい市場を見つけ進出するときとするのが現実的である。

次は、特に製造業において顧客志向の開発とコストダウンを両立するマス・カスタマイゼーションについて解説する。

8.7　顧客志向の開発とコストダウンを両立するビジネスモデル：マス・カスタマイゼーション

自動車業界では、スウェーデンのスカニアがトラックのモジュラー設計を始めたのが、マス・カスタマイゼーションのはじまりである。これを大幅に深化させたのが、トヨタ自動車のTNGA(Toyota New Global Architecture)である。

8.7.1　自動車業界の業界動向調査

自動車業界は2021～2021年度、業界規模63.9兆円、成長率－2.2%、利益率3.2%と日本で4番目の巨大な業界規模である。世界の自動車業界において2022年は1.4%減、アジア地域のみプラスで、2022年の世界の自動車販売台数は前年比1.4%減で2022年は前年から横ばいで推移している[11]。

2022年現在、世界の自動車業界は中国が最大の市場で、米国、欧州と続く。中国が世界の自動車市場を牽引してきた。米国、欧州市場は横ばいで推移しているものの、その伸びは鈍化している。

本書執筆時点の動向では、中国市場は鈍化の兆しを見せており、米国が再び勢いを増してきた。

2022年の自動車販売では東南アジアが前年比17.6%増、インドが25.7%増と非常に高い伸びを記録した。また、販売台数は少ないもののベトナムやフィリピンも25～26%増加している。今後は成長余力のある東南アジアやインドなどの新興国市場をいかに取り込めるかがカギとなる。

8.7.2　自動車業界の財務分析

自動車業界で4社(トヨタ自動車、ホンダ、日産、マツダ)を選んで財務分析を行った[12]。2018年～2022年度5年分のデータ20組を抽出し、売上高を経営目標にし、解析を進めた。**図8.29**に売上のヒストグラムを示す。圧倒的にトヨタ自動車が市場を支配していることがわかる。

売上に影響を与える財務指標がどれか、さらにその影響度をLasso、重回帰分析で解析したところ、**表8.14**となった。

各財務指標についてヒストグラムを作成すると、以下のようになった。**図**

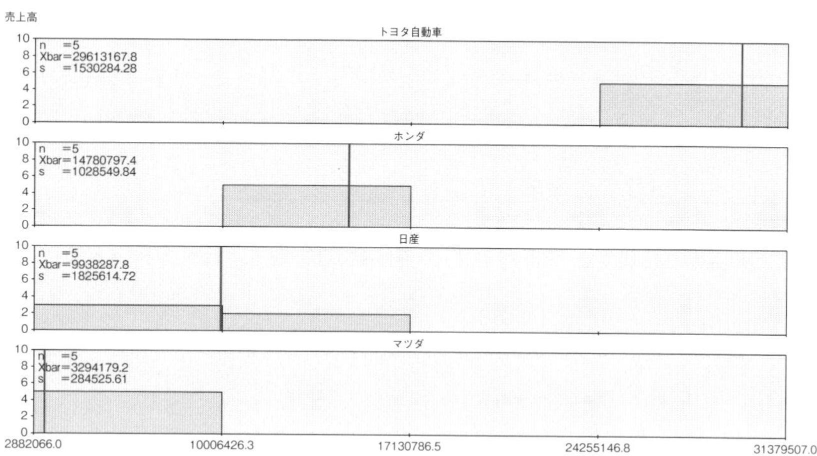

図8.29　企業別売上ヒストグラム(単位：百万円)

表 8.14　重回帰分析

	目的変数名	重相関係数	寄与率 R^2	R*^2	R**^2	
	売上高	0.992	0.984	0.979	0.975	
		残差自由度	残差標準偏差			
		15	1440864.459			
vNo	説明変数名	分散比	P 値（上側）	偏回帰係数	標準偏回帰	トレランス
0	定数項	0.1551	0.699	3621937.248		
48	固定比率	285.5166	0	32398363.23	0.644	0.752
68	平均年齢（単独）（歳）	42.8278	0	− 1144043.724	− 0.234	0.851
71	連結従業員一人当たりの売上（百万円）	3.455	0.083	99897.581	0.085	0.523
73	連結従業員一人当たりの税引き前当期利益（百万円）（経常利益か？）	77.5859	0	1102797.513	0.39	0.558

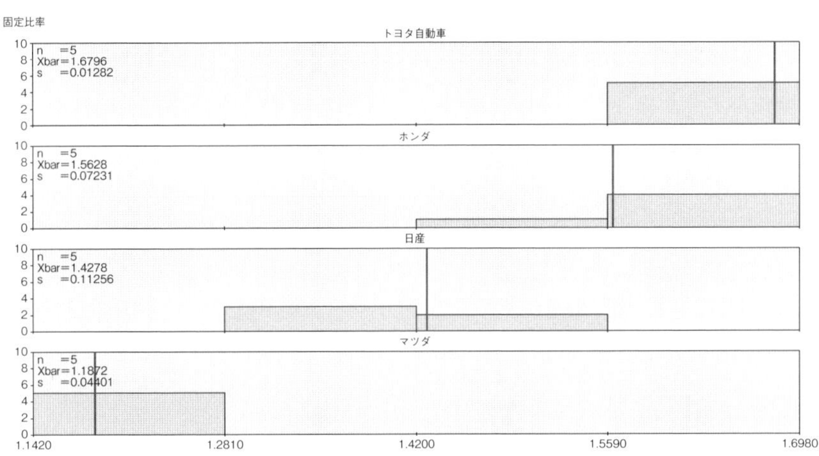

図 8.30　固定比率

8.30 に固定比率のヒストグラムを示す。

固定比率は、固定資産と自己資本の比率であり、値が高いほど自己資本で固定資産を調達していることになり、財務的には安定していることになる[16]。一般的には 1.0 以上になることが望ましい。売上上位のトヨタ自動車、ホンダだけでなく、日産、マツダの固定比率も 1.0 を超えている。したがって、自動車産業自体が、多くの固定資産が必要な産業であると考えられる。

図 8.31 に社員の平均年齢を比較した結果を示す。ホンダが平均 45.12 歳でトヨタ自動車が 39.72 歳である。トヨタ自動車が最も社員年齢が若く活力のある企業といえる。

図 8.32、**図 8.33** に連結従業員一人当たりの売上(百万円)、連結従業員一人当たりの税引き前当期利益(百万円)を示す。

特に、連結従業員一人当たりの税引き前当期利益(百万円)は、従業員一人当たりでどれだけ利益に貢献しているかを表している。

いずれにせよ 5 年分 20 組のデータでの結論なので、予測式として売上を予測するには無理があるが、売上と財務指標の関係性を示唆していると考えられる。今後は、4 半期ごとの決算データを加えるか、企業ごとに月次決算のデータを活用するか、予測精度を上げる方策が必要となる。

以上のように、自動車業界における経営目標として売上を向上させるために、影響を与えている KPI とのその影響力を偏回帰係数で示すことができた。基本的にはトヨタ自動車を目指して、他社は財務の改善することが増収増益になることが予測できる。トヨタ自動車の高い売上の源泉の一つに、マス・カスタ

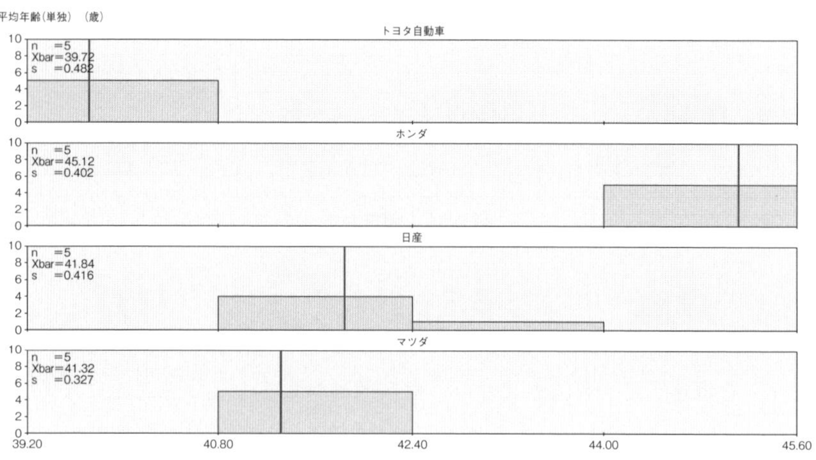

図 8.31　社員の平均年齢(歳)

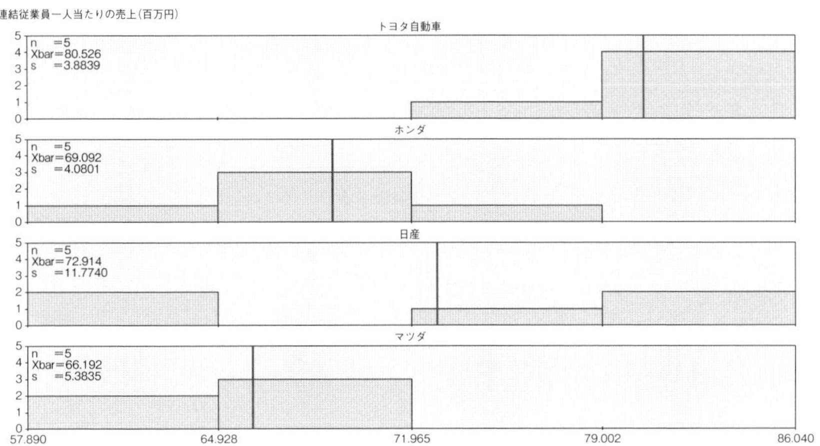

図 8.32　連結従業員一人当たりの売上(百万円)

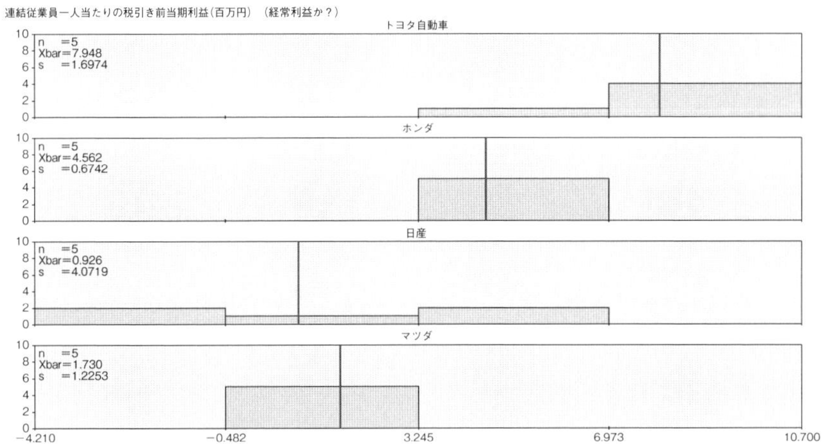

図 8.33　連結従業員一人当たりの税引き前当期利益(百万円)

マイゼーションがある。次節に具体的に解説する。

8.7.3　マス・カスタマイゼーションモデル

トヨタ自動車の TNGA(Toyota New Global Architecture)をマス・カスマ

イゼーションの例として解説する。マス・カスタマイゼーションは、顧客ニーズに合った自動車を顧客に届けるとともに、コストを徹底的に抑える画期的なビジネスモデルである。

トヨタ自動車では、TNGA について次のように解説している。

「TNGA はプラットフォームだけを指すものではなく、ユーザーの声をもとにした企画・開発・調達・生産準備・生産というすべての工程を含めたクルマ作りのシステム・方針などのことを指す。」

TNGA は下記4項目をサイクルさせることで「もっといいクルマづくり」を達成している。

① 基本性能の向上

② グルーピング開発による部品・ユニットの賢い共用化

③ 仕入れ先と協力して原価低減

④ 商品力向上

トヨタ自動車のプラットフォームと車種との関係の一例を**表 8.15** に示す[17]。

(1) GA-B プラットフォーム

日本の5ナンバー車を含むBセグメントクラスの小型車に最適化されたプラットフォームである。2019年9月5日にトヨタから公式発表された。さまざまなホイールベースや全高・全幅にも対応可能なため、自由な設計を可能とする。加えてリアサスペンションは車両の特性に合わせて独立懸架式にもできる。100%トヨタ主導で企画・開発された自動車用プラットフォームとしてはこれが最小となる。

(2) GA-C プラットフォーム

Global Architecture-Compact の略である。GA-L プラットフォーム同様、ワイド版とナロー版が混在する。特に日本市場向けとして開発された E210 型カローラセダンと E210W 型カローラツーリングに採用されたナロー版は、日本の道路・交通環境に最適化されたプラットフォームとされている[18]。

以上のような共通プラットフォームに、モジュール化されたユニットを組み合わせることで、顧客のさまざまな要求に合わせてプラットフォームとモ

表 8.15　プラットフォームと車種

プラットフォーム	トヨタ車種名
GA-B プラットフォーム	アクア
GA-B プラットフォーム	ヤリス
GA-B プラットフォーム	ヤリスクロス
GA-B プラットフォーム	シエンタ
GA-B プラットフォーム	GR ヤリス
GA-C プラットフォーム	プリウス
GA-C プラットフォーム	プリウス PHV
GA-C プラットフォーム	カローラスポーツ
GA-C プラットフォーム	カローラツーリング
GA-C プラットフォーム	カローラ

表 8.16　トヨタ自動車の TNGA

<table>
<tr><th rowspan="2">モジュール</th><th colspan="4">車種</th></tr>
<tr><th>MPV</th><th>SUV</th><th>セダン</th><th>ハッチバック</th></tr>
<tr><td>エンジン・コンパートメント</td><td colspan="2">○</td><td></td><td></td></tr>
<tr><td>フロント・アンダーボディ</td><td></td><td colspan="2">○</td><td></td></tr>
<tr><td>コックピット</td><td></td><td colspan="2">○</td><td></td></tr>
<tr><td>リア・アンダーボディ</td><td></td><td colspan="2">○</td><td></td></tr>
</table>

○共通

ジュールを組み合わせてあらゆる車種を実現している。さらに**表 8.16** に車種とモジュールの関係を示す。

ここで、新商品開発におけるマス・カスタマイゼーションの目的を整理する。

① 画期的な新商品を出す。

② さまざまな市場に合った商品のバリエーションを実現する。

③ 短納期で開発する。

④　新商品の原価を下げる。

⑤　①〜④を同時に実現する。

しかし、これらの目的は、複雑に絡み合っていて、二律背反する課題といえる。例えば、①画期的な新商品は、技術的に難易度の高い技術開発を伴うため、③短納期を実現することは難しい。また、②さまざまな市場に合った商品のバリエーションを実現すると、モジュールの種類が増え、④新商品の原価を下げることが難しくなる[19]。

トヨタ自動車では、前述のように自動車の共通プラットフォームにシャーシ、エンジンなどのモジュールを組み合わせた複数のモデルで共通化している。こうすることによって、開発費、設備投資金額が削減でき、かつモジュールの量産効果によるコストダウンを実現している。このような製品開発方法をモジュラーデザインという[20]。

モジュールデザインは、少ないモジュールの組合せで多くの製品を生み出すことが目的である。すなわち**開発する新規モジュールを少なくし、開発期間の短縮とコストダウンを同時に実現するものである。なお、ターゲット市場に合わせるためには、市場を細分化し外観のデザインを中心に市場の選好に合わせている。非常に高い商品企画力、製品開発力、生産技術力が必要となるビジネスモデルである。**したがって、共通モジュールで品質不具合が発生すると、その影響が多くの車種がその影響を受けることを付け加えておく。**図 8.34** にトヨタ自動車のビジネスモデルを示す。

トヨタ自動車は、マス・カスタマイゼーションによって品質とコストと顧客のニーズに応える難題を克服している。もちろんマス・カスタマイゼーションだけでできていることではないが、中心的な役割を果たしていると考えられる。少なくとも財務分析の結果はこれを物語っている。特に売上に影響を与えている財務指標の一つである連結従業員１人当たりの税引き前当期利益(百万円)は平均 790 万円を超えている。またトヨタ自動車は、ギガキャストなどの新技術を導入し、リアアンダーボディを一体加工しようとしている。従来はリアアンダーボディを、複数のダイキャスト部品を溶接していた。この溶接をなくし、

KP(パートナー)	KA(主要活動)	VP(価値提案)	CR(顧客との関係)	CS(顧客セグメント)
グループ企業 地域販売代理店	研究開発 モジュラー設計 マーケティング	ガソリン、ハイブリッド、EV、水素エンジンなどあらゆる車種 ・豊富なラインアップ ・低価格 ・ブランド	継続性 カーシェアリング	グローバルマーケット 新興国
	KR(リソース)		CH(チャネル)	
	技術力 ブランド力		地域販売代理店	
C$(コスト構造)		R$(収益の流れ)		
委託費用 研究開発費 マーケティング 人材育成		販売益 プラットフォーム収入(ソフトウェア) サブスク収入		

図 8.34　トヨタ自動車のマス・カスタマイゼーション

リアアンダーボディを一体加工することによってさらなるコストダウンを実現しようとしている。すなわちマス・カスタマイゼーションをさらに加速させていることになる。

次に、GAFA がなぜ急成長を続けているかについて、ビジネスモデルの視点で解説する。

8.8　ビジネスの弱点を強化するビジネスモデル：自己強化ループ

GAFA のビジネスモデルは、自己強化ループである。自社の弱点を認識し、すぐに効果的に改善をするビジネスモデルは、自己強化ループのよい手本になる。

8.8.1　GAFAとは

GAFAとはGoogle(運営会社はAlphabet)、Apple、Facebook(現在の社名はMeta)、Amazonの4社のことで、4社は世界時価総額ランキングの上位を占めている。この中でAppleはファブレス企業なので、経済産業省基準では製造業に分類することができない。

8.8.2　GAFAの財務状況

GAFAの2021年～2023年の財務状況を示すと**表8.17**になる[21]。

これらのデータは、morningstar.comから抽出した。

この中から、主要な勘定科目として、収益、営業利益、総資産、フリーキャッシュフローの推移をグラフ化すると、**図8.35**～**図8.38**になる。

これらのグラフから、Amazonは収益と総資産が大きく、Appleは営業利益とフリーキャッシュフローが優れている。すなわち、Amazonは収益を増やしながら、資産に増やし続けていることがわかる。Appleは、営業利益を上げながらキャッシュを増やしていることがわかる。Amazonは経営の規模を大きくしていき、Appleは企業としても機動力を重視していることが分かる。

8.8.3　GAFAの旧ビジネスモデル

図8.39にGAFAの初期のビジネスモデルを示す。Appleを除いては、主にソフトウェア販売や、インターネットを通じた広告収入に頼っていた。したがって、技術的には最新のものであったが、顧客との関係性は薄く、モノづくりのような実態のあるものではなく、仮想ビジネスのようなものであった。

8.8.4　GAFAのビジネスモデル(自己強化ループ)

GAFAは広告宣伝料、商品の販売収益に依存していた付加価値の低い旧ビジネスモデルから、**弱点であった市場、製品、技術などをすべて短期間に入手し、商品アイテムを増やし、顧客を増やしていることである**。なお、文献[2]

表 8.17 GAFA の財務状況の推移

企業名	年度	収益(Bil)	営業利益(Bil)	当期純利益(Bil)	EBITDA(ビル)	希薄化後EPS	平準化希薄化EPS	総資産(ビル)	負債総額(Bil)	負債総額(ビル)	総資本(Bil)	現金および現金同等物(Bil)	運転資本(ビル工業)	動作時(Bil)	投資(Bil)	ファイナンス(Bil)	設備投資(ビル工業)	フリーキャッシュフロー(Bil)
Alphabet	2021年	257.64	78.71	76.03	103.52	5.61	4.87	359.27	107.63	28.4	251.64	139.65	123.89	91.65	−35.52	−61.36	−24.64	67.01
	2022年	282.84	74.84	59.97	87.61	4.56	4.95	365.26	109.12	29.68	256.14	113.76	95.5	91.5	−20.3	−69.76	−31.49	60.01
	2023年	307.39	84.29	73.8	97.97	5.8	5.94	402.39	119.01	28.5	283.38	110.92	89.72	101.75	−27.06	−72.09	−32.25	69.5
Apple	2021年	365.82	108.95	94.68	123.14	5.61	5.61	351	287.91	124.72	63.09	62.64	9.36	104.04	−14.55	−93.35	−11.09	92.95
	2022年	394.33	119.44	99.8	133.14	6.11	6.11	352.76	302.08	120.07	50.67	48.3	−18.58	122.15	−22.35	−110.75	−10.71	111.44
	2023年	383.29	114.3	97	129.19	6.13	6.13	352.58	290.44	111.09	62.15	61.56	−1.74	110.54	3.71	−108.49	−10.96	99.58
Meta	2021年	117.93	46.75	39.37	54.72	13.77	13.81	165.99	41.11	13.87	124.88	48	45.53	57.68	−7.57	−50.73	−18.57	39.12
	2022年	116.61	28.94	23.2	37.63	8.59	8.61	185.73	60.01	26.59	125.71	40.74	32.52	50.48	−28.97	−22.14	−31.43	19.04
	2023年	134.9	46.75	39.1	59.05	14.87	14.98	229.62	76.46	37.23	153.17	65.4	53.41	71.11	−24.5	−19.5	−27.27	43.85
Amazon	2021年	469.82	24.88	33.36	74.26	3.24	2	420.55	282.3	116.4	138.25	96.05	19.31	46.33	−58.15	6.29	−61.05	−14.73
	2022年	513.98	12.25	−2.72	38.35	−0.27	0.99	462.68	316.63	140.12	146.04	70.03	−8.6	46.75	−37.6	9.72	−63.65	−16.89
	2023年	574.79	36.85	30.43	89.4	2.9	2.81	527.85	325.98	135.61	201.88	86.78	7.43	84.95	−49.83	−15.88	−52.73	32.22

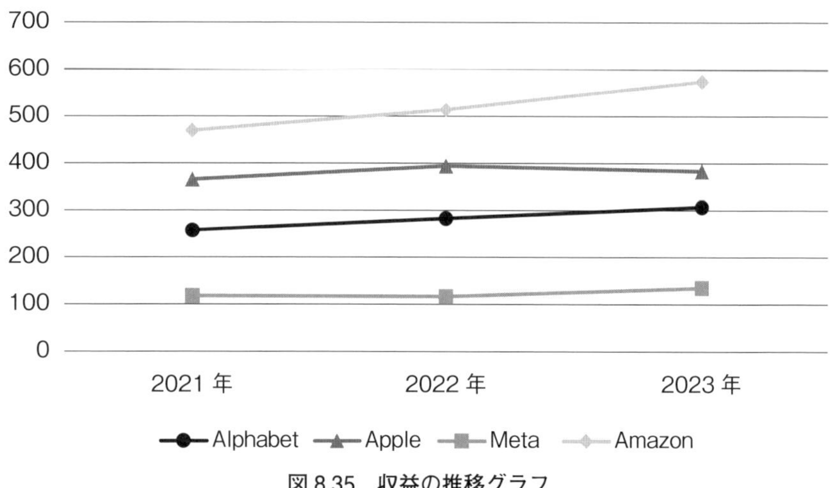

図 8.35　収益の推移グラフ

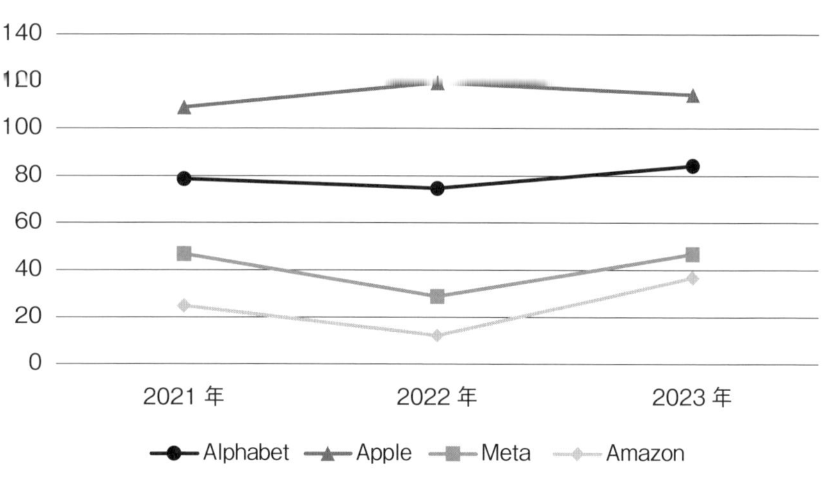

図 8.36　営業利益の推移グラフ

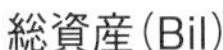

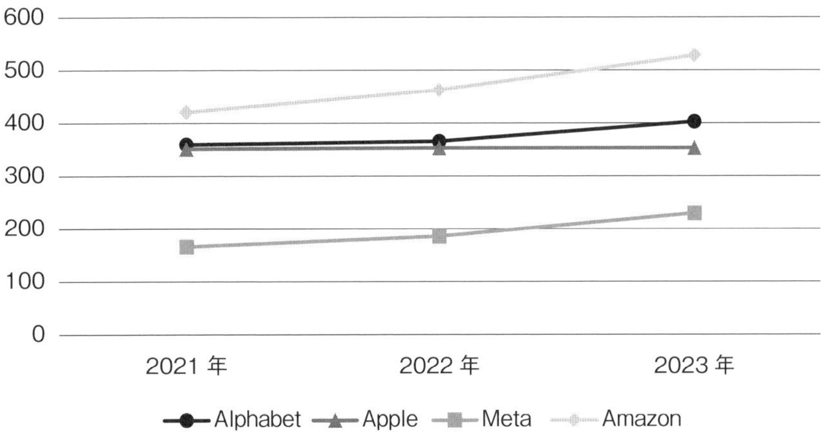

図 8.37 総資産の推移グラフ

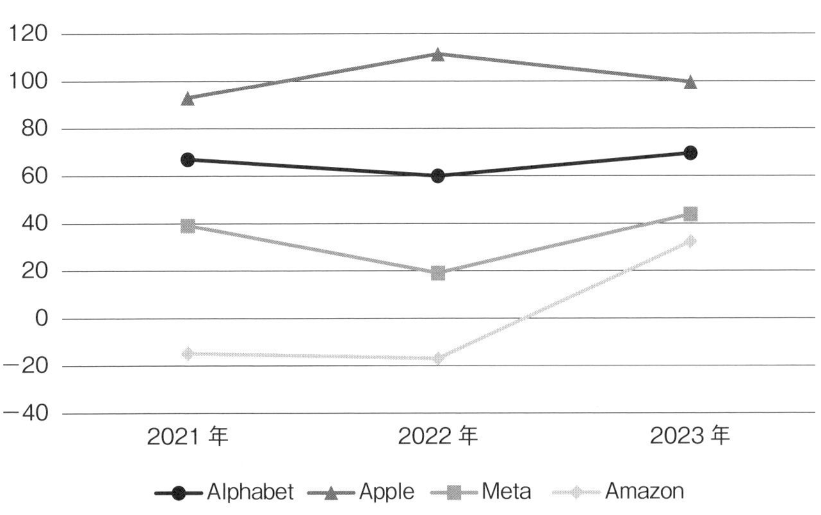

図 8.38 フリーキャッシュフローの推移グラフ

KP(パートナー)	KA(主要活動)	VP(価値提案)	CR(顧客との関係)	CS(顧客セグメント
協力企業(宅配業者など) EMS(Electronics Manufacturing Service)	研究開発 サイト運営管理 ハードの開発販売 KR(リソース) 集客力	利便性 情報検索 コミュニケーション	CH(チャネル) インターネット 販売店	一般ユーザー 出品者
C$(コスト構造)		R$(収益の流れ)		
研究開発費 サイト運営管理費		出店収入 広告収入 有料課金収入		

図 8.39　GAFA の旧ビジネスモデル

における GAFA それぞれの図を筆者がまとめ、さらに加筆したものが**図 8.40**である。

GAFA のビジネスは、ビジネスで得た収益、すなわちキャッシュを果敢に M&A(Merger & Acquisition)の A に投資していることである[25]。すなわち、R&D(Research & Development)ではなく、A&D(Acquisition & Development)である。具体的には、自社にない必要な技術は、自社で開発するのではなく、必要な技術のある企業を買収し、自社に取り込んで開発するというスタイルである。例えば、動画サイトの YouTube は Google が買収しているし、Instagram は Meta が買収している。**強力な競合相手になりそうな企業が資本力がないうちに、自社の製品・サービスのラインナップに取り込んでしまうのである。これは、被買収側企業の顧客を丸ごと飲み込むので、ユーザー数がけた違いに増える効果がある。これは自己強化ループで得た潤沢な収益で、成長し儲かっている企業の株式を購入して支配するので、経営的リスクの少ないビジネスモデルともいえる。**なお、Google、Meta の投資は企業買収、

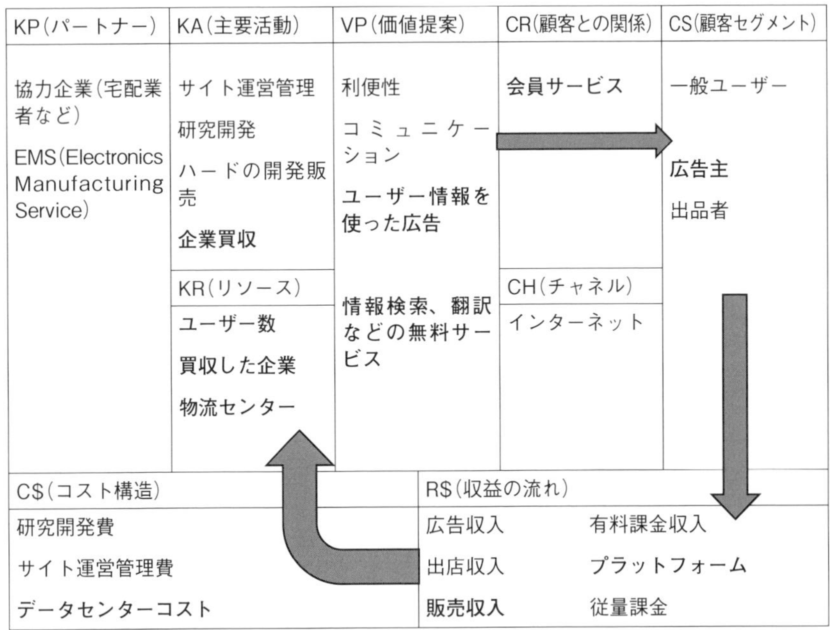

図 8.40　GAFA の新ビジネスモデル

ICT、研究開発に集中しているが、Amazon は潤沢な資金で、巨大な物流センターなどの設備に投資している。Apple は高性能な設備を購入し、資本力のない部品メーカーにその設備を貸与し、Apple の部品を作ってもらっている。

8.8.5　自己強化ループによる A&D が成功するには

A&D において、買収された企業は本体の企業のマネジメントに従うので、マネジメントの標準化ができてないと相乗効果は生まれない。 A&D やグローバル化がうまくいかない企業の例では、買収側の企業でマネジメントの標準化ができておらず、各部門が独自のマネジメントを展開するので、相乗効果が生まれないのである。

具体的には、海外法人の月次決算処理に 10 日以上と長時間かかる例がある。

これは、会計基準の統一、イレギュラー処理の低減、情報システムの標準化、従業員のモラル・能力の高さといった要求されるさまざまな組織能力が備わっていない場合に起きる。

したがって、品質マネジメントにおける機能別管理、方針管理、標準化と日常管理、人財育成、IT化を徹底して被買収企業に移植していくことが重要である。

また、**買収した企業の自主性を尊重するという名目で放任しておくと、ガバナンスが利かなくなり、品質不正や粉飾決算などの大問題が後から発覚することがある。特に個性的な経営者のベンチャー企業を買収したときは要注意である。**

多くの技術系企業は社内にかなり大規模なR&D部門を構え、そこで新技術や新製品のシーズを開発するのが常であり、時として新たな市場に乗り出すため、或いは自社の製品をより魅力的にするために、自社のR&Dパイプラインにはない技術をもった企業を買収するというスタイルをとっている。

これに対して、世界最大のネットワーク機器開発会社であるCiscoでは自社のR&Dに頼るのではなく、自社の戦略上重要な技術を開発しているいわばR&Dの段階にある企業を買収し、自社に取り込んで育てている。株価などでCiscoをトレースすると、必ずしも短期的に成果を上げているようにも伺えないが、ビジネスの一つのやり方として理解はできる。

第8章の引用・参考文献

[1]　アレックス・オスターワルダー、イヴ・ピニュール著、小山龍介訳：『ビジネスモデル・ジェネレーション』、翔泳社、p.14、2012年

[2]　一般財団法人ビジネスモデルイノベーション協会：『ビジネスモデル事例集』、一般財団法人ビジネスモデルイノベーション協会、pp.4-65、2017年

[3]　DS Magazine：「「売れない商品」の山で売上げをアップさせる⁉　Amazonも活用しているロングテール戦略とは何か？」（2023年4月16日閲覧）
https://ds-b.jp/dsmagazine/pages/104/

[4]　デロイトトーマツ：「アメリカの小売業上位10社」（2023年9月2日閲覧）

https://www2.deloitte.com/content/dam/Deloitte/jp/Images/inline_images/about-deloitte/newsreleases/jp-nr-nr20230615-1.png

[5]　Yahoo! ファイナンス：「株式 / 株価」（2023 年 9 月 2 日閲覧）
https://finance.yahoo.co.jp/stocks

[6]　村上茂久：「アマゾンは稼いだキャッシュを何に投資しているのか？ アップル、グーグルと一線画す「ゲームの制し方」」、Business Insider Japan （2024 年 4 月 3 日閲覧）
https://www.businessinsider.jp/post-239402

[7]　今野勤、大角盛広、毛利進太郎、林坂弘一郎：『文科系のための情報科学』、共立出版、p.46、2017 年

[8]　「ファミリーマート ：業績・財務」、日経会社情報 DIGITAL：（2024 年 4 月 3 日閲覧）
https://www.nikkei.com/nkd/company/kessan/?nik_code=0005652

[9]　セブン＆アイ・ホールディングス：「月次営業情報」（2024 年 4 月 3 日閲覧）
https://www.7andi.com/ir/financial/monthly_highlight.html

[10]　「企業情報　ローソン」、ユーレット （2024 年 4 月 3 日閲覧）
https://www.ullet.com/2651.html

[11]　業界動向サーチ：「グラフで見る業界のいま」(2023 年 9 月 4 日閲覧）
https://gyokai-search.com/#google_vignette

[12]　ユーレット
https://www.ullet.com/

[13]　高橋浩夫：『すべてはミルクから始まった』、同文館出版、2019 年

[14]　日本建設機械施工協会：「スマートコントラクションのご案内」（2023 年 4 月 17 日閲覧）
https://www.mlit.go.jp/common/001113552.pdf

[15]　谷地弘安：『技術者のためのマーケティング』、千倉書房、pp.137-138、2017 年

[16]　ザイマニ：「固定比率の計算式・業種別の目安をわかりやすく解説」（2024 年 4 月 3 日閲覧）
https://zaimani.com/financial-indicators/fixed-ratio/

[17]　最新自動車情報：「【2023 年】 トヨタ・ニュー・グローバル・アーキテクチャー TNGA 採用車種についてまとめ」（2024 年 4 月 3 日閲覧）
https://car-repo.jp/blog-entry-2023-toyota-tnga.html

[18]　Wikipedia：「トヨタ・ニュー・グローバル・アーキテクチャー」（2024 年 4 月 3 日閲覧）

https://ja.wikipedia.org/wiki/トヨタ・ニュー・グローバル・アーキテクチャー

［19］ 今野勤、井上清和、中野惠司、安部有正、林裕人、池田光司：『QFD・TRIZ・タグチメソッドによる開発・設計の効率化』、日科技連出版社、pp.1-3、2005年

［20］ 日野三十四：『実践モジュラーデザイン 改訂版』、日経BP、pp.9-14、2011年

［21］ Morningstar
https://www.morningstar.com/

あとがき

本書では、経営戦略、マーケティングなどのマネジメントの体系をマネジメントスタイル、マネジメントモデル、ビジネスモデルとして解説した。経営学の各分野で研究されていることを包括的にまとめた感はある。しかし、経営学の膨大な研究分野をマネジメントモデルとしてまとめ、具体的な企業活動と結びつけたところは、多少のオリジナリティがあるのではないかと考えている。

マネジメント体系を筆者なりに図1に表したが、マネジメントモデルもビジネスモデルもこの体系の一部である。マネジメントと具体的な企業活動とのギャップを埋めることは並大抵のことではない。企業ではDX化の波が押し寄せており、それによってマネジメントモデルやビジネスモデルはどんどん変化してきている。本書では、非常に効果を上げた企業の実践例をもとにマネジメントモデル、ビジネスモデルを解説した。本書がマネジメントと具体的な企業活動の橋渡しになれば、多少とも世の中に貢献できるのではないかと考えている。

2024年6月　大阪府の自宅にて

今野　勤

索　引

【さ　行】

【た　行】

著者紹介

今野　勤(こんの　つとむ)

1976年　早稲田大学理工学部卒業

1978年　早稲田大学院理工学研究科修士課程修了。株式会社前川製作所入社

その後ヤマハ発動機株式会社などを経て、

2000年　大阪大学大学院工学研究科博士後期課程修了。工学博士

龍谷大学経営学部特任教授を経て、

2008年　神戸学院大学経営学部教授(現職)

著書に、『商品企画七つ道具』(日科技連出版社、共著、1995)、『ものづくりに役立つ経営工学の事典』(朝倉書店、共著、2014)、『文科系のための情報科学』(共立出版、共著、2017)、『データ解析による実践マーケティング』(日科技連出版社、2019)、『Excelによる多変量解析』(日科技連出版社、共著、2021)、『品質管理に役立つ統計的手法入門』(日科技連出版社、共著、2021)ほか多数

マネジメントモデルによる経営学入門
—企業事例に学ぶ現代マネジメントの革新—

2024年7月29日　第1刷発行

著　者　今野　　勤
発行人　戸羽　節文

発行所　株式会社 日科技連出版社
〒151-0051　東京都渋谷区千駄ケ谷 5-15-5
DS ビル
電　話　出版　03-5379-1244
　　　　営業　03-5379-1238

検印
省略

Printed in Japan

印刷・製本　壮光舎印刷

ISBN 978-4-8171-9802-0
URL https://www.juse-p.co.jp/